Enrico Enea Cortinovis

Il rapporto filosofia-teologia in "Fides et ratio" e "Lumen Fidei"

Enrico Enea Cortinovis

Il rapporto filosofia-teologia in "Fides et ratio" e "Lumen Fidei"

Per una possibile elaborazione di una figura di filosofia in relazione alla teologia

Edizioni Sant'Antonio

Imprint

Cover image: www.ingimage.com

Publisher:
Edizioni Accademiche Italiane
is a trademark of
International Book Market Service Ltd., member of OmniScriptum Publishing Group
17 Meldrum Street, Beau Bassin 71504, Mauritius

Printed at: see last page
ISBN: 978-613-8-39168-5

L'ENCICLICA "FIDES ET RATIO":
CONTESTO, PROBLEMATICA
E PROSPETTIVE
PER UNA POSSIBILE ELABORAZIONE
DI UNA FIGURA DI FILOSOFIA
IN RELAZIONE ALLA TEOLOGIA,
CON ACCENNO ALLA "LUMEN FIDEI"

Ai miei famigliari
e alle altre persone
che mi hanno cresciuto nella fede

STRUTTURAZIONE DELL'OPERA

1. INTRODUZIONE

Il desiderio di approfondire (seppure in modo limitato) l'enciclica *Fides et ratio,* del compianto papa San Giovanni Paolo II, ha cominciato ad emergere più chiaramente in me sin dall'inizio degli studi del corso teologico. Eppure, impensierito dalla competenza e dalla precisione necessitate dalla trattazione di questa importante tematica, ho preferito solamente limitarmi ad una lettura veloce del testo dell'enciclica, attendendo una sua specifica eventuale trattazione in sede teologica da parte dei docenti, che purtroppo non ha avuto luogo. Nell'elaborazione del lavoro in vista del baccalaureato teologico, ho pensato che fosse opportuno cogliere l'occasione per approfondire la presente enciclica muovendo da una sintetica considerazione del contesto nella quale si pone, per passare quindi ad un'analisi essenziale dei contenuti, così da illustrare brevemente le problematiche che dà occasione di riscoprire e le prospettive che apre.

Alla base del mio desiderio di accostare questa enciclica, c'è la percezione dell'importanza che riveste l'istanza dell'approfondimento dell'esperienza di fede, che è sicuramente basilare per ogni uomo. In questa trattazione spero che emerga in filigrana la bellezza ed insieme la fatica dell'elaborazione di un «pensiero credente», alimentato nella mia vita innanzitutto in modo semplice e schietto dai miei famigliari e poi dalle diverse persone che il Signore ha posto sul mio cammino.

Il punto da cui muove la riflessione è la volontà di comunicare la scoperta sempre nuova che le due istanze presenti nel titolo dell'enciclica per la loro stessa natura non si ostacolano o ignorano a vicenda, poiché esigono un rapporto di sostegno critico vicendevole, che apra l'orizzonte all'universalità, in quanto "la fede non è riservata ai cristiani, ma è destinata in linea di principio a tutti gli uomini; né la ragione teologica è riservata ai teologi, ma si propone, senza preclusioni né pretese di immunizzazione, alla ragione critica".[1]

[1] G. COLOMBO, *La ragione teologica,* Glossa, Milano 1995, 12.

1.0 LA PROSPETTIVA: L'ORGANICITÀ DEL «PENSIERO CREDENTE»

In questa nostra analisi è importante tener presente l'orizzonte nel quale ci muoviamo, per non lasciarci disorientare dalla vastità del tema e dalle svariate prospettive che sarebbe possibile assumere, seppure legittimamente. L'ottica che vogliamo far nostra è appunto quella dell'organicità del «pensiero credente». Quando ci si imbatte nell'espressione «pensiero credente» è facile ricondurla ad una concezione del pensare influenzata (si intende negativamente) da una credenza, in contrapposizione ad una ragione "atea", quasi fosse migliore della precedente, in quanto si presume più "autonoma". Eppure non è questo che intendiamo con il termine «pensiero credente». Con esso, infatti, vogliamo indicare una ragione aperta alla ricerca del senso da parte della coscienza umana che, come vedremo più approfonditamente, "si apre come libertà alla verità donata dalla Rivelazione e che, per ciò stessa, si manifesta non solo sul piano dell'esistenza credente ma anche su quello del pensiero credente. La ragione credente, per dirla con E. Jüngel, è il pensiero che si pone alla sequela della Rivelazione."[2]

Qui ritroviamo l'originaria organicità di questo pensiero, che si caratterizza come insita in ogni persona, in quanto pensa e crede. Così, fede e ragione devono essere viste come atti della creatura umana che, vedendosi finita e limitata, si riscopre nello stesso tempo come chiamata a divenire interlocutrice dell'Assoluto, precisamente addirittura figlia del Padre «partecipe della natura divina» (2 Pt 1,4). Qualora volessimo definire il centro focale della *Fides et ratio,* potremmo affermare che esso non può essere né la fede né la ragione, in quanto il fine al quale entrambe tendono è la libera partecipazione dell'uomo a Dio, che, come vedremo meglio più avanti, trova il suo fondamento unico e irripetibile nella Rivelazione. È appunto nell'Incarnazione di Gesù Cristo che l'uomo può ritrovare l'unica autorivelazione di Dio che può essere considerata come piena e definitiva. Con questo offrirsi di Dio all'uomo, la persona umana ritrova con stupore la meraviglia non solo di sentirsi accolta nella propria finitezza, ma pure di essere chiamata all'ascolto di questo amore e quindi alla risposta che si concretizza nella decisione libera. Il «pensiero credente» si colloca in questa dinamica di grata accoglienza e di

---

[2] G. SGUBBI - P. CODA, *Prefazione,* in *Il risveglio della ragione,* Città Nuova, Roma 2000, 11.

partecipazione appassionata alla ricerca di senso che si trova in ogni uomo. Ecco perché questo pensiero non può essere tacciato come una «pretesa cristiana», in quanto il riferimento a Gesù Cristo, poiché è considerato la verità e la salvezza di tutti gli uomini, diventa di per sé necessario affinché ogni persona possa trovare la misura della propria dignità e l'orientamento per una vera libertà. Quindi il preconcetto implicito, che pensa l'adesione alla fede come possibile ostacolo all'apertura della ricerca razionale, non ha ragion d'essere. In questo orizzonte si delinea il compito di vivere e comunicare a tutti l'universale destinazione della Rivelazione in termini adatti alla cultura odierna. Inoltre, per rimanere fedeli all'origine di questo compito, non bisogna travisare l'organicità della prospettiva, che si potrebbe trasmettere grazie alla riscoperta della "convinzione che l'uomo è capace di giungere ad una visione unitaria e organica del sapere" (FeR § 35).

1.1 I TERMINI DELLA QUESTIONE: FEDE E RAGIONE NEL PERCORSO STORICO[3]

Per cercare di svolgere questo compito che ci siamo prefissati, è a mio giudizio opportuno lasciarci brevemente istruire dalla storia, cioè da come è stato affrontato nel tempo il problema dell'inculturazione, ossia in quale modo la fede ha collaborato con la ragione per costruire una teologia e, insieme, come la ragione si è confrontata (anche nella contrapposizione) con la fede per comprendersi meglio. Il taglio di questo paragrafo vuol essere di tipo generale, considerando solamente per sommi capi le principali epoche di questo percorso storico. Bisogna tener presente che in questa sede svolgiamo solo una breve panoramica per raccogliere elementi utili all'istruzione della nostra ricerca, mentre rimandiamo in seguito alla considerazione del modo con il quale l'enciclica ha recepito il percorso storico della filosofia. Nei secoli immediatamente precedenti al cristianesimo, il cammino di fede e ragione è stato caratterizzato da una profonda collaborazione in quanto la ragione, consapevole dell'evanescenza e della

[3] *Cfr.* A. STRUMIA, *Le scienze vanno verso una razionalità analogica?,* in G. SGUBBI - P. CODA, *Il risveglio della ragione,* Città Nuova, Roma 2000, 23-48.

limitatezza della prospettiva mitologica, ha lavorato attivamente per compiere il passaggio fondamentale ad una religione che potesse essere sorretta da una visione filosofica. Con l'avvento del cristianesimo si è potuto costruire, grazie agli strumenti forniti dalla *filosofia* (come la logica), un clima culturale che favorisse la credibilità del messaggio cristiano dimostrando la non contraddittorietà logica del contenuto della Rivelazione e la sua intelligibilità. Questo è stato appunto il primo compito svolto dagli Apologisti a partire dal II secolo. A questo lavoro se ne è aggiunto un secondo, in una prospettiva più ampia, che mirava a rielaborare dall'interno le stesse categorie filosofiche in modo tale da abilitarle a ricevere ed accogliere in esse la ricchezza sovrabbondante della Rivelazione. Un'esemplificazione di concetto chiave rielaborato proprio all'interno della sua concezione è quello riguardante il termine «persona», che non indicò più la maschera teatrale, ma la persona umana, come la intendiamo ancora oggi, e le persone divine della Trinità. Questo dialogo della Rivelazione con le diverse visioni filosofiche si approfondì a tal punto da riconoscere l'incapacità di qualsiasi filosofia a contenere il credo cristiano in modo tale da mostrare, nel confronto con le varie filosofie, la superiorità della concezione cristiana della realtà (uomo, mondo, Dio), che si qualificava quindi come portatrice della vera filosofia. Un esempio eccellente nel IV - V secolo è rappresentato da sant'Agostino, che si ispirava alla tradizione platonica, che rielaborò magistralmente. La riflessione su Dio raggiunse però il suo culmine con la scolastica nella quale, in particolare, con il contributo di sant'Alberto e specialmente di san Tommaso, si costruì una teologia che potesse vantare tutte le caratteristiche di un'autentica scienza, dimostrativa e totalmente sistematica *(quaestiones),* che si ispirava alla filosofia aristotelica. In questo periodo storico possiamo scorgere forse il culmine della collaborazione tra teologia e filosofia. Viene allora spontaneo il desiderio di conoscere che cosa abbia permesso l'elaborazione di questa sintesi per poterla così rivivere nell'epoca odierna, adattandola certamente alla temperie culturale nella quale viviamo. Nella scolastica, la chiave di volta che ha permesso dal punto di vista logico-metafisico la costruzione di tale impianto sistematico è stata la dottrina dell'analogia-partecipazione, che ha permesso alla ragione "anzitutto di riconoscere modi e gradi di perfezione differenziati nella realtà *(ente),* nella sua conoscibilità *(vero),* nel suo essere desiderabile e amabile *(bene)*, nell'organicità del suo essere un tutto *(uno)"*[4], oltre che il non fermarsi all'esperienza dell'essere sensibile, così da giungere alla conoscenza dei livelli superiori. Questa mirabile sintesi è venuta meno già dal XIII secolo, provocata dall'acconsentire alla tentazione da parte della ragione di possedere un grado maggiore di certezza così da puntare maggiormente sull'univocità del concetto, trascurando l'apporto positivo dell'analogia dell'ente e del vero. Questa dimenticanza ricadde in modo pesante sul rapporto esistente tra teologia e filosofia: dal riconoscimento della distinzione dei due diversi approcci legati in una prospettiva unitaria si passò alla nefasta separazione tra di essi. Il passaggio da una struttura organica e analogica del sapere, dove l'unità rispetta in sé la distinzione dei diversi approcci, ad una struttura dialettica, nella quale la presunta unità misconosce ogni distinzione (cfr. nominalismo), ha dato origine al percorso che avrebbe portato a lungo andare al razionalismo moderno. L'Illuminismo è un'espressione significativa di questo modo di pensare che si è allontanato dal riferimento alla Rivelazione cristiana e che, esasperato, darà origine al nichilismo, che rappresenta appunto la conseguenza logica della crisi del razionalismo. È in questo panorama relativista, nel quale oggi siamo immersi, che si delinea il compito che abbiamo discusso: certamente non si tratta di un clima favorevole. Eppure la sfida di accogliere la Rivelazione, rendendo ragione della nostra fede, chiede di essere vissuta nel contesto nel quale esistiamo!

1.2 UNA NUOVA SFIDA: VERSO LA RAZIONALITÀ ANALOGICA

Arricchiti da questa sintetica disamina storica, sondato il terreno nel quale viviamo, dobbiamo ora affrontare il problema riguardante quale razionalità assumere, affinché possiamo avvalerci di una corretta filosofia e di una vera teologia, che siano contemporaneamente distinte e in sinergia reale.

Prendendo spunto da un settore che dovrebbe riflettere adeguatamente la tendenza razionalista univoca del pensiero moderno, possiamo dare voce al campo delle scienze esatte e a coloro che sono esperti in questo ambito. In una veloce disamina emerge

[4] *Ibidem*, 29-30.

subito nel campo scientifico la necessità di una riformulazione globale del metodo delle scienze in quanto non è adeguato ad affrontare la complessità attuale. Questa carenza viene notata analogamente riguardo all'intero pensiero moderno, in quanto, a giudizio di Stengers, "per pensare il nostro mondo che è in crisi occorre rinnovare le categorie della nostra razionalità"[5]. Tornando nel campo scientifico, un tentativo di soluzione è ipotizzato da De Giorgi nel tendere ad una razionalità "aperta" in campo logico-matematico, cioè nel "cercare di inserire le teorie degli insiemi e tutte le altre teorie scientifiche in un quadro più ampio in cui sia possibile un confronto critico delle idee fondamentali delle diverse discipline scientifiche e umanistiche"[6]. Si pensa così ad eliminare il carattere riduzionistico delle scienze, che provocherebbe la loro lenta autodistruzione, ritornando invece con la mente alla chiave di volta della concezione Scolastica, cioè ricorrendo necessariamente alla ripresa in termini moderni di una teoria dell'analogia, sulla quale le scienze moderne possano fondarsi e progredire in un itinerario di ricerca. Da questa lezione offertaci dalla razionalità scientifica, si può quindi ricavare che l'unica via accettabile per far fronte in modo adeguato alle esigenze del «pensiero credente» sia quella dell'assunzione di una razionalità analogica, sull'esempio magistrale della sintesi tomista.

1.2.1 LA CIRCOLARITÀ QUALIFICANTE IL RAPPORTO FENOMENO-FONDAMENTO[7]

Per reperire una concezione di pensiero che mostri di aver fatto proprio questo modello analogico, ci addentriamo in una riflessione che la stessa *Fides et ratio* svolge puntualmente. Questa analisi riguarda l'abilitazione a compiere il passaggio dal fenomeno al fondamento, passaggio che si rende urgente e necessario per scalfire e annullare l'univocità che, da baluardo della nuova razionalità, è diventata il vincolo della

---

[5] Citazione di I. STENGERS, *Perché non può esserci un paradigma della complessità,* in *La sfida della complessità,* a cura di G. BOCCHI. M. CERUTI, Feltrinelli, Milano *I ed. 1985, VII ed. 1992, p. 62, in ibidem, 37.*

[6] Citazione di E. DE GIORGI, *«Dal superamento del riduzionismo insiemistico alla ricerca di una più ampia e profonda comprensione tra matematici e studiosi di altre discipline scientifiche e umanistiche»,* comunicazione tenuta all'Università di Pisa, 25-3-1996, in *ibidem, 40.*

[7] *Cfr. A.* MARGARITTI, *Fenomeno e fondamento,* in *Teologia* 24 (1999), 334-355.

sua decadenza. Bisogna però porre attenzione circa la modalità effettiva di questo passaggio: il termine *ad quem* e quello *a quo* sono ineliminabili oppure uno prevale sull'altro? Si rende quindi necessaria una qualificazione di questo passaggio in modo tale da non cadere in una separazione. Innanzitutto, analizzando la situazione attuale, possiamo scorgere come nel regime dell'univocità si giunge all'equivalenza drastica di verità e certezza, dove si ritiene vero tutto ciò che si manifesta come certo, assolutamente sicuro. Questa concezione di verità svaluta a priori la verità presente nelle realtà che non si mostrano in modo immediato all'uomo, che non corrispondono ai canoni della verificabilità fenomenica. È per questo motivo che si rende necessaria la valutazione del fenomeno in un quadro più ampio, cioè in riferimento al fondamento, dove certamente l'intenzione non è quella di tralasciare il fenomeno preso in considerazione. Infatti l'intelligenza umana per raggiungere l'essere deve porre l'attenzione sulla sua manifestazione, tenendo presente che la realtà sensibile è l'unica via per poter portare alla realtà intelligibile, pur non coincidendo con essa e, quindi, non mostrando le sue capacità veritative. Il passaggio dal fenomeno al fondamento può quindi essere illustrato con il porre l'accento sulla dinamica conoscitiva che dall'empirico vede un rimando al trascendente che si rivela come il fondamento del primo, senza sopprimerlo. Analogamente, l'istanza critica che guida le scienze non può essere chiusa in un sapere settoriale che si presume autonomo, ma dev'essere consapevole della propria inadeguatezza qualora non si riferisse all'istanza veritativa che deriva dal senso del fondamento. Si produce così implicitamente il passaggio dalla domanda concernente il perché ci sia l'essere e non il nulla (livello ontologico) a quella riguardante quale senso abbia la vita: è una domanda che non può rimanere insoluta, ma deve trovare una risposta che faccia riferimento al fondamento, pena lo smarrimento veritativo e quindi esistenziale. In questa prospettiva siamo giunti alla descrizione dell'esperienza umana come essenzialmente “religiosa” (in riferimento all'Assoluto), eppure questa fenomenologia religiosa deve accedere al fondamento vero e proprio che è rilevante in quanto è l'esigenza più radicale, che non deve però diventare esclusiva. La prospettiva considerata non può essere semplificata per non travisare questo rapporto delicato che richiama quello esistente tra il fenomeno ed il fondamento. Sorge allora l'esigenza di scoprire e definire quale struttura assuma questo rapporto così complesso, dove bisogna tener presente che la modalità con cui il fenomeno rimanda al fondamento non è la medesima con cui il fondamento rimanda al fenomeno! Per descrivere questa dinamica ci avvaliamo di quattro passaggi strettamente legati e interconnessi tra di loro. Il primo passaggio viene descritto al paragrafo 83 dell'enciclica: "La metafisica non va vista in alternativa all'antropologia; è proprio la metafisica che consente di dare fondamento al concetto della dignità di persona". Qui si può apprezzare come l'attenzione si sposti dall'essere alla persona e dalla persona all'essere, tramite la mediazione dell'essere umano che è persona, che "costituisce un ambito privilegiato per l'incontro con l'essere". Questo rapporto tra metafisica e antropologia si qualifica come circolare e, insieme, dialettico. Esso viene espresso in *Fides et ratio* al paragrafo 5, dove si afferma che "la filosofia moderna ha il grande merito di aver concentrato la sua attenzione sull'uomo" e al paragrafo 98, dove sul versante antropologico si sostiene che "la coscienza individuale non può fissare in modo autonomo i criteri del bene e del male". Così si pongono come inadeguate sia la distorsione soggettivistica, non sacrificando però il soggetto, sia quella oggettivistica, non ignorando l'oggetto.

Il rimando dal fenomeno al fondamento è esemplificato anche nell'affermazione del paragrafo 98, quando si sostiene che "sia il conoscere che l'agire umano sono regolati dall'essere", cioè che il rapporto tra conoscere e agire indiretto è e deve essere mediato dal rimando all'essere che i due stessi ambiti richiedono.

Un terzo aspetto che descrive il rapporto in questione è quello riguardante il legame della verità con il senso e viceversa. Per istruire questo rapporto, l'enciclica prende in considerazione due modalità inadeguate di approccio al fenomeno, in quanto entrambe lo travisano, quali sono appunto lo *scientismo* (§ 88), che, rifiutando forme di conoscenza diverse da quelle proprie alle scienze positive, relega la domanda sul senso della vita all'immaginario, e il *nichilismo* (§ 90), che, sottolineando la necessità di trascendere i fatti, rifiuta di conoscere ogni fondamento dell'essere e quindi ogni possibilità di senso. La tematica del senso introduce il riferimento alla Libertà dell'uomo di riconoscere la verità. Sempre nel paragrafo 90 si afferma che: "verità e libertà o si coniugano insieme o insieme miseramente periscono". Un uomo può essere libero solamente se vive riferendosi ad una verità: c'è un rimando diretto della libertà alla verità. Invece, il rimando della verità alla libertà è indiretto, anche se non meno efficace, in quanto esige il riferimento intermedio alle circostanze storiche, che sono appunto rivelatrici di senso. Considerando brevemente queste attuazioni del rapporto di circolarità tra fenomeno e fondamento è opportuno qualificarlo in termini più adeguati. Innanzitutto bisogna sottolineare come questo rapporto che ora descriveremo può essere inteso come un aspetto particolarmente significativo, anche se parziale, del rapporto circolare tra teologia e filosofia, tra fede e ragione, che approfondiremo meglio più avanti.

Ci sono due orientamenti che qualificano il passaggio dal fenomeno al fondamento che devono essere considerati insieme per rendere la verità del rapporto: il primo orientamento valuta il superamento come un relativo abbandono dell'aspetto iniziale, mentre il secondo lo stima come un inveramento. Da un lato parliamo della persistenza di un orientamento che potremmo ritenere superato, dall'altro evidenziamo un superamento vero ma ancora incompleto del passato. L'aspetto di inveramento garantisce che la circolarità non scada in una ripetitività o in una restaurazione. La circolarità-inveramento permette di apprezzare nella contemporaneità le valenze teoriche innegabili, pur non identificando attualità e verità, e sceglie di andare alle "cose stesse". Si tratta quindi di un processo faticoso ma urgente, che costringe a cambiare modalità di approccio. Gilson sottolinea l'importanza che si sviluppi un'integrazione tra la fenomenologia attuale e la metafisica. La causa della disfatta della metafisica scolastica fu la mancanza di una fenomenologia adeguata, mentre, al contrario, alla fenomenologia attuale manca la collaborazione di una metafisica adatta. La circolarità-inveramento (già insita nella concezione dei pensatori greci come Platone e Aristotele), che permette lo sviluppo metodico dell'analisi fenomenologica fino a riconoscere al fenomeno la sua identità di topologia dell'essere, opera il passaggio dal fenomeno al fondamento, dove, da un lato il ricorso al fondamento non dissolve il fenomeno, dall'altro la collocazione effettiva del fenomeno non riduce o azzera la richiesta di fondazione. Ora che abbiamo ampiamente descritto e qualificato il rapporto auspicabile tra fenomeno e fondamento, nel contesto della costruzione di una ragione adeguata al «pensiero credente», ci addentriamo nel tentativo di un'elaborazione effettiva di una rinnovata razionalità analogica.

1.2.2 IL MISTERO COME «RAZIONALITÀ DELLA LIBERTÀ»[8]

Quella che abbiamo chiamato «organicità del pensiero credente» coincide con la visione propria dell'enciclica che esclude radicalmente un regime di «doppia verità». Esprimendo questo con le parole di San Giovanni Paolo II, "tra una ragione che, in conformità con la propria natura che le proviene da Dio, è ordinata alla verità ed è abilitata alla conoscenza del vero, e una fede che si rifà alla stessa sorgente divina di ogni verità, non può insorgere alcun conflitto di fondo. La fede conferma i diritti propri della ragione naturale. Essa li presupporne. Infatti, la sua accettazione presuppone quella libertà che è propria solo di un essere razionale. Con ciò appare però anche che fede e scienza appartengono a due ordini diversi di conoscenza, che non sono sovrapponibili"[9]. Molto sinteticamente è questa la prospettiva che si qualifica come "quel tipo di razionalità che, restando razionale, è capace, proprio come tale, di pensare il «metarazionale» o «soprannaturale» senza per questo nulla perdere della propria natura e del proprio rigore: la sfida a riavviare un «pensiero credente» implica ed esige, quindi, che si riconosca al pensiero di essere «naturalmente» capace di pensare ciò che non è naturalmente conquista del pensiero e che si offre, tuttavia, proprio al pensiero."[10] G. Sgubbi, che è docente di Metafisica e Teologia fondamentale presso lo Studio Teologico Accademico Bolognese, indica nel suo contributo che "il punto di sutura che consente al pensiero di poter essere credente e alla fede di poter essere pensata è la costitutiva relazione della ragione umana al «Mistero»"[11], così da comprendere che cosa si intende con questo termine.

Scrutando nell'immaginario collettivo emergono tre idee diverse riguardanti il «Mistero»: quella che lo considera ciò che resta ancora da spiegare, da analizzare da parte della scienza; quella che lo pone come il punto d'arresto del potere conoscitivo, cioè l'enigma insondabile; infine, quella che lo taccia come una scusa, spesso camuffata

---

[8] *Cfr.* G. SGUBBI, *«Reductio in Mysterium». Una metafisica della gratuità per la fondazione di un «pensiero credente», in* G. SGUBBI - P. CODA, *Il risveglio della ragione,* Città Nuova, Roma 2000, 169-208.

[9] SAN GIOVANNI PAOLO II, *Discorso agli scienziati e studenti a Colonia il 15 novembre 1981,* in *Il Regno/Documenti 1981, 18.*

[10] *Cfr.* G. SGUBBI, *«Reductio in Mysterium». Una metafisica della gratuità per la fondazione di un «pensiero credente»,* in G. SGUBBI - P. CODA, *Il risveglio della ragione,* Città Nuova, Roma 2000, *173.*

[11] *Ibidem,* 179.

da un'ipocrita sacralità, per nascondere un'evidente fuga dalla responsabilità argomentativa. Queste tre concezioni di «Mistero» non hanno nulla a che vedere con quello inteso dall'enciclica. Nella *Fides et ratio* infatti esso rappresenta il disegno divino che, presente sin dalla creazione, viene svelato pienamente in Cristo. Emergono qui alcune caratteristiche proprie del mistero divino: la piena gratuità e la tensione intrinseca a comunicarsi all'uomo, così da offrirgli il senso definitivo della sua esistenza. Di fronte al Mistero, secondo l'enciclica, l'atteggiamento appropriato della ragione sarebbe quello dell'accoglienza che si pone nella ricerca dell'intelligenza propria del "rivelato", cioè del Mistero cristologico incarnato in questo porsi della ragione innanzi al mistero; possiamo così scorgere due significati importanti: quello più filosofico, dell'atto con cui la ragione giunge ad affermare consapevolmente la Trascendenza, e quello teologico, che dichiara adeguata all'uomo la straordinaria possibilità di riconoscersi destinatario di un Mistero che lo precede nella sua vita. Come vediamo, il significato filosofico e quello teologico, sono distinti ma non possono essere disgiunti: riconoscere, infatti, implica antecedentemente il conoscere, e il conoscere, proprio perché avviato alla pienezza nel riconoscere, troverà solo in esso il proprio compimento e la propria pienezza. Questo forte legame tra aspetto filosofico e teologico è riscontrabile anche nell'azione dell'enciclica che, per una piena accoglienza ed un'autentica custodia del Mistero, chiama in causa la metafisica: al paragrafo 83 si afferma che "la Parola di Dio fa continui riferimenti a ciò che oltrepassa l'esperienza e persino il pensiero dell'uomo; ma questo «mistero» non potrebbe essere rivelato, né la teologia potrebbe renderlo in qualche modo intelligibile (cfr. Conc. Ecum. Vat. I, Cost. dogm. sulla fede cattolica *Dei Filius,* IV: DS 3016), se la conoscenza umana fosse rigorosamente limitata al mondo dell'esperienza sensibile. (...) Se tanto insisto sulla componente metafisica, è perché sono convinto che questa è la strada obbligata per superare la situazione di crisi che pervade oggi grandi settori della filosofia e per correggere così alcuni comportamenti erronei diffusi nella nostra società". La metafisica si qualifica per se stessa come scienza dell'essere, cioè come in ricerca della conoscenza di ciò che è, in quanto ogni essere ha ricevuto il dono dell'essere. Questa riflessione portata al massimo grado conduce a ciò che è al culmine, all'Assoluto: se ogni cosa testimonia un'esistenza ricevuta, dunque qui troviamo la testimonianza di un Essere che dona senza ricevere e senza a sua volta essersi ricevuto in quanto è il Donante ultimo. In altre parole, all'origine di ogni esistenza *("ex-sistere")* sta un'Esistenza né ricevuta né ricevente, ma esclusivamente donante: è, come dice san Tommaso, un Essere "generoso in grado sommo *(maxime liberalis)*, poiché agisce non per propria utilità, ma soprattutto per amore della sua bontà".[12] Ora emerge chiaramente che un pensiero metafisico per qualificarsi aperto alle istanze dell'ermeneutica e di quelle componenti odierne che sottolineano la centralità dell'uomo e della storia, deve avere come riferimento imprescindibile la libertà dell'essere. Quello che è fondamentale per la metafisica non è più la dimostrazione dell'esistenza di Dio, ma di "come l'essere, sia di Dio che del mondo, costituisce un unico Mistero di libertà: solo nell'orizzonte della libertà, crediamo, la ragione può ricongiungersi alla fede in una relazione capace di evidenziare l'omogeneità di entrambe nella piena salvaguardia della rispettiva natura".[13] Il fondamento si rivela a noi nell'esistente, si «assolve» in esso; il Fondamento può quindi essere considerato come il Mistero dell'esistente, in quanto quest'ultimo rivela il Fondamento come libera condizione per la quale l'esistente possa esserci. Potremmo definire il «Mistero» come "l'intelligenza della gratuità che si comunica attraverso un'esistenza innegabile: l'essere, che non possiamo negare, è sospeso alla libertà di chi gli dona di essere."[13] Kierkegaard descrive efficacemente questi due aspetti dell'evidenza che ci precede e del Mistero che contemporaneamente rimane trascendente come una «passione sofferente»[14]: il carattere di inafferrabilità che caratterizza l'Assoluto è proprio il tormento della ragione, anche se nello stesso tempo è il suo incitamento. Nel percorso svolto abbiamo scoperto come la metafisica, così qualificata, sia pienamente abilitata a condurre al «Mistero» come a quell'Origine innegabile che non può essere trascurata. Nei confronti della metafisica, il Mistero si pone dunque come la possibilità dell'apertura all'istanza della gratuità, cioè nell'atto della rivelazione mostra il volto della libertà che, svelandosi, manifesta contemporaneamente la propria conoscibilità solamente a colui che si lascia innanzitutto penetrare da esso. Emerge qui il carattere esigente del Mistero: esso non si sottrae alla

[12] *Summa Theologiae I, q. 44 , a. 4.*

[13] *Cfr.* S. KIERKEGAARD, *Briciole di filosofia,* in *Opere,* Piemme, Casale Monferrato 1995, 11, 52.

[14] *Cfr.* G. SGUBBI, *«Reductio in Mysterium». Una metafisica della gratuità per la fondazione di un «pensiero credente», in* G. SGUBBI - P. CODA, *Il risveglio della ragione,* Città Nuova, Roma 2000, 184.

conoscenza razionale, ma rifiuta l'approccio calcolatore, arrogante e quello apriorico deduttivo. Il Mistero è totalmente diverso dall'enigma; infatti, a differenza di quest'ultimo che, una volta risolto, svanisce, invece il Mistero si lascia comprendere dalla ragione nella comunicazione e in questo svelarsi non viene sminuito, ma, al contrario, si manifesta sempre più, come tale. La libertà del Mistero che si dona, quando è indagata rispettosamente dalla ragione, sprigiona la gratuità della Trascendenza che, a sua volta, chiede all'uomo di essere liberamente accolta. Il Mistero non si pone come un'istanza che scompagina le dinamiche della ragione, ma dev'essere piuttosto inteso come "l'atmosfera naturale della mia piccola intelligenza".[15]

È quindi il Mistero stesso che rivelandosi autorizza "la ragione teologica a formalizzare l'intelligibilità della ragione in modo soddisfacente per la ragione critica, e più propriamente desidera adeguare la ragione critica al sapere della fede, che si legittima precisamente in quanto «realizza» - lungi dal contraddire o negare - la struttura originaria della ragione."[16] Concludendo questa sezione introduttiva possiamo affermare in modo consapevole che ciò che da sempre fonda e sta all'origine del «pensiero credente» (che è l'autentico pensiero che, nell'atto di credere, si rende conforme all'Assoluto che lo precede) è appunto "l'apertura al Mistero che la ragione, già nell'atto stesso del credere, scopre come l'infinita libertà che lo precede eternamente".[17]

Esprimendoci con le parole di J. Ratzinger, "la fede salva la ragione, proprio perché l'abbraccia in tutta la sua ampiezza e profondità e la protegge contro i tentativi di ridurla semplicemente a ciò che può essere verificato sperimentalmente. Il Mistero non si pone come nemico della ragione; al contrario, esso salva e difende l'intima razionalità dell'essere dell'uomo"[18]: questo Mistero si qualifica dunque come la «razionalità della libertà» che ogni uomo libero è chiamato a ricevere in dono.[19]

---

[15] *Ibidem,* 188.

[16] S. VANNI ROVIGHI, *Prego con San Tommaso,* in *Studi di filosofia medioevale II - secoli XIII e XIV,* Vita e Pensiero, Milano 1978, 301.

[17] G. COLOMBO, *La ragione teologica,* Glossa, Milano 1995, 9.

[18] J. RATZINGER, *Itinerari della fede tra i rivolgimenti del tempo presente,* in *Svolta per l'Europa? Chiesa e modernità nell'Europa dei rivolgimenti,* Paoline, Milano 1991, 85.

[19] È importante non trascurare che la libertà costituisce l'uomo sin dalla nascita, dove l'essere posto nel mondo esprime innanzitutto la manifestazione dell'Amore con il quale il Donatore fonda come originariamente autentica la libertà di ogni uomo.

2. IL CONTESTO

2.1 LE ISTANZE FAUTRICI DELLA RIFLESSIONE DALLA *AETERNI PATRIS* (1879) ALLA *FIDES ET RATIO* (1998)[20]

Dopo aver ampiamente introdotto le questioni che entrano in gioco quando il «pensiero credente» si pone nella relazione costitutiva con il Mistero, la quale rappresenta la base contenutistica fondamentale dell'elaborazione della *Fides et ratio,* proviamo ora a ricercare se questa enciclica abbia alle spalle dei tentativi analoghi di tematizzazione del rapporto fede-ragione. Infatti, qualora ci fosse un documento precedente, potremmo ricavarne già una preliminare istruzione delle tematiche in gioco. Considerando il titolo dell'enciclica che vogliamo approfondire, notiamo che questa tematica del rapporto fede-ragione è la stessa presente nell'enciclica *Aeterni Patris (DH 3135-3140)* di papa Leone XIII, datata 4 agosto 1879. Di fronte ad una vicinanza tematica così evidente, ci si offre la doverosa opportunità di un confronto che faccia emergere come la *Fides et ratio* si riferisca all'enciclica di Leone XIII. Dando un veloce sguardo alla struttura delle due encicliche, emerge che i due testi, pur nella comunanza del tema trattato, lo affrontano inserendolo in due schemi espositivi differenti in quanto, mentre nell'enciclica di Leone XIII il capitolo centrale è immediatamente il primo, invece in quella di San Giovanni Paolo II è il quarto (vedremo subito dopo che risvolto abbia questo schema). Questa impostazione segnala che *Fides et ratio* assume il taglio più preciso di una ripresa sistematica del problema, in quanto vi scorgiamo una trattazione più completa rispetto a quella soltanto parziale di *Aeterni Patris.* Iniziamo stabilendo un confronto tra le due introduzioni che si rivelano programmatiche. La breve introduzione dell'*Aeterni Patris* rivela la priorità riservata al carattere ecclesiologico, richiamandosi a Mt 28,19, in quanto viene posta al centro la missione evangelizzatrice della Chiesa. In essa il "netto uso della filosofia" è valutato positivamente come il

[20] Cfr. G. COLOMBO, *Dalla Aeterni Patris (1879) alla Fides et ratio (1998),* in *Teologia 24* (1999), 251-272.

principale dei *"naturalia adiumenta"* che Dio dona all'uomo per giungere alla fede così da accogliere la Rivelazione. L'oggetto di questa enciclica è precisamente "la filosofa cristiana", che è appunto presente nel titolo originale (*De philosophia christiana ad mentem sancti Thomae Aquinatis doctoris Angelici in scholis catholicis instaurando). Fides et ratio,* che riconosce che "quel testo è stato, fino ad oggi, l'unico strumento pontificio di quel livello dedicato interamente alla filosofia" (§ 57), nell'introduzione sottolinea però il carattere antropologico, pur non trascurando quello ecclesiologico (cfr. § 5-6), ponendo in luce come ogni persona abbia la capacità di aprirsi all'accoglienza della Verità. Entrambe le encicliche si pongono rispettivamente in egual misura in difesa di un'istanza fondamentale: *l'Aeterni Patris* della verità e la *Fides et ratio* della fiducia nella capacità dell'uomo di conoscere la verità e nella capacità della filosofia di comunicargli la sua dignità. Possiamo però vedere una differenza sostanziale presente tra i due documenti che riguarda non solo la prospettiva di partenza, ma pure le conseguenze che esse comportano: *l'Aeterni Patris* si connota per una distanza dalla filosofia del «mondo», mentre la *Fides et ratio* per una compartecipazione alle sue vicende. Inoltre, nello sguardo generale ai due schemi, abbiamo notato una diversa disposizione: mentre Leone XIII pone subito il tema centrale, invece San Giovanni Paolo II lo tratta solamente al capitolo quarto dell'enciclica. Infatti nei capitoli precedenti si parla della Rivelazione in qualità di chiave di volta del rapporto tra teologia e filosofia. Notiamo qui la prima grande integrazione all'*Aeterni Patris* che è presente in *Fides et ratio,* come frutto del Concilio Vaticano II. Emerge quindi come dalle encicliche risaltino non solo due visioni differenti della teologia, ma anche della Chiesa.

Consideriamo ora più da vicino la struttura dell'*Aeterni Patris* per lasciarci istruire circa la sua intenzione portante. Nel primo capitolo si evidenzia chiaramente l'impostazione manualistica dove si riprende il trattato *"De fide"* e le due tesi esaminate dal Concilio Vaticano I della conoscenza razionale di Dio nella dimensione razionale e della conoscenza dei motivi di credibilità. Così, il rapporto ragione-fede viene ridotto alle due affermazioni riguardanti rispettivamente la filosofia, come il principale aiuto nel cammino verso l'accoglienza della Rivelazione, e la fede, come l'istanza che libera la ragione dagli errori e può arricchirla di molte conoscenze. Così, dopo il secondo capitolo, che tratta brevemente dello sviluppo storico della filosofia cattolica, il terzo è dedicato alla figura centrale di san Tommaso, che viene successivamente ripresa nel quarto nella prospettiva della restaurazione della sua filosofia. Un riferimento (anche se meno ampio) a san Tommaso lo ritroviamo anche in *Fides et ratio* nel capitolo quarto, dopo aver tratteggiato l'atteggiamento della ragione nei confronti della Rivelazione nei reciproci movimenti del *Credo ut intellegam* (capitolo secondo) e *dell'Intellego ut credam* (capitolo terzo). Bisogna però contestualizzare questo riferimento in un'intuizione generale differente: mentre *l'Aeterni Patris* limita la riflessione al problema concernente la singolare adeguatezza della filosofia tomista in funzione della teologia, invece *Fides et ratio* non si limita a questa prospettiva univoca, unidirezionale, ma assume come prospettiva il più ampio rapporto fede-ragione.

Tornando alla *Fides et ratio,* dobbiamo notare che, pur trovando nel capitolo quarto il titolo "*Il rapporto tra la fede e la ragione*", l'interazione tra di esse viene trattata al capitolo sesto, mentre nel quinto si precisa che, in riferimento agli interventi del magistero in materia filosofica, "la Chiesa non propone una propria filosofia, né canonizza qualsiasi filosofia a scapito delle altre" (§ 49), come già si diceva nella *Humani generis* (DH 3875-3899) di Pio XII (12 agosto 1950), dove vengono anche condannate alcune "tendenze pericolose dell'odierna filosofia" (DH 3877-3878). Nel capitolo sesto di *Fides et ratio* alla considerazione del rapporto filosofia-teologia viene anteposta una duplice premessa: innanzitutto nel paragrafo 64 si dice che la teologia, in quanto intelligenza della fede non può non entrare in rapporto con le diverse filosofie e, nello stesso tempo, non compete al magistero insegnare ai teologi particolari metodologie; inoltre, nei paragrafi 65 e 66 si evidenzia che la teologia mutua dalla filosofia la possibilità di strutturarsi in scienza della fede mediante i due principi dell'*auditus fidei* (teologia positiva) e dell'*intellectus fidei* (teologia speculativa). Da queste premesse si trarrà una conclusione di non poco conto: il rapporto della teologia con la filosofia dev'essere "all'insegna della circolarità" (§ 73), come vedremo in modo approfondito nella sezione contenutistica. Si passa quindi alla rassegna di tre modalità con le quali la filosofia si rapporta alla fede cristiana: dapprima se ne considerano due estreme (§ 75-76), quindi si focalizza la modalità mediana (§ 77), che ritroviamo implicita nel pensiero di san Tommaso (§ 78). La prima forma estrema della filosofia riguarda il suo porsi come totalmente indipendente dalla Rivelazione (§ 75), mentre al lato opposto si pone la «filosofia cristiana», che è una modalità legittima qualora sia salvaguardata dal rischio di interpretarla come "una filosofia ufficiale della Chiesa, giacché - precisa l'enciclica - la fede non è, come tale, una filosofia" (§ 76). Eppure, la forma filosofica che *Fides et ratio* predilige nel rapporto con la Rivelazione non è quella appena descritta, ma consiste nella filosofia che si lascia interpellare dalla teologia in quanto quest'ultima "è opera della ragione critica alla luce della fede" (§ 77). In questa panoramica l'enciclica pone tre considerazioni tra loro complementari che sono tutt'altro che secondarie: innanzitutto si definisce il ruolo della filosofia come *"ancilla theologiae",* che, in quanto tale, dev'essere interpellata dal teologo, garantita dal fatto che essa si pone con la teologia "più direttamente sotto l'autorità del magistero". È in questa prospettiva generale che l'enciclica colloca il riferimento a san Tommaso, riconoscendo che "in lui l'esigenza della ragione e la forza della fede han trovato una sintesi mirabile" (§ 78). Vediamo quindi come il suo apporto sia introdotto in una prospettiva più ampia e completa, che, rispetto all'*Aeterni Patris,* manifesta una differenza fondamentale unitamente alla sottolineatura della centralità della Rivelazione che ritroviamo esplicitamente nel paragrafo 79: essa è "il vero punto d'aggancio e di confronto tra il pensare filosofico e quello teologico nel loro reciproco rapportarsi." Tirando le fila del confronto tra queste due encicliche, possiamo affermare che *Fides et ratio,* capovolgendo l'impostazione di *Aeterni Patris,* sottolinea il primato della Rivelazione, ponendo in secondo piano l'impostazione moderna della ragione come adeguata per la risposta dell'uomo all'Incarnazione di Gesù. Inoltre, la collaborazione fede-ragione è favorita dalla considerazione della fede come una forma di conoscenza e non un'alternativa ad essa.

In sintesi, entrambe le encicliche hanno come obiettivo pratico il porre un rimedio alle «storture della filosofia», ma, opportunamente, in relazione alla diversa cultura in cui vivono, rispondono evidenziando due accentuazioni diverse: nell'Ottocento l'*Aeterni Patris* impone alle scienze dipendenti dall'autorità ecclesiastica l'insegnamento della filosofia *ad mentem Sancti Tomae,* mentre nel Novecento *Fides et ratio,* opportunamente consapevole che neppure la nuova cultura può presumere di essere definitiva, chiama i filosofi a collaborare nell'elaborazione di un'adeguata comprensione della fede. Il progetto dell'enciclica di San Giovanni Paolo II è più ambizioso ma paradossalmente anche più modesto, in quanto prende le mosse dalla constatazione dell'essere in minoranza nel mondo. *Fides et ratio* porta dunque costitutivamente in sé l'inevitabile compromesso tra la continuità con *l'Aeterni Patris* dal punto di vista dottrinale e, talvolta, linguistico, e, insieme, la novità dell'impostazione derivante dalla considerazione del mutato clima culturale. Essa si propone quindi "come il programma teorico elaborato dalla fede cattolica per «corrispondere» alle esigenze vitali/intellettuali dell'umanità per il nuovo millennio".[21]

2.2 LA RECEZIONE DEL PERCORSO STORICO DELLA FILOSOFIA NELL'ENCICLICA *FIDES ET RATIO*[22]

Dopo aver compreso un po' meglio l'intenzione della *Fides et ratio,* grazie alla breve analisi comparativa con l'*Aeterni Patris,* penso che sia interessante considerare come l'enciclica si ponga nell'ambito della recezione del percorso filosofico che la precede, poiché siamo consapevoli che le diverse figure di ragione che si sono succedute sulla filosofia nella storia hanno istruito una modalità differente di rapportarsi alla Rivelazione cristiana che ha quindi influito su di essa.

Per svolgere questa analisi dobbiamo essere coscienti di assumere un duplice registro: quello ricognitivo che implica automaticamente l'intervento di quello interpretativo, per poter analizzare adeguatamente come la ragione si è elaborata nell'arco dei secoli. Il dialogo fede-ragione nasce nella prospettiva comune della verità, che è implicata nella storia. Questo lo si nota chiaramente nel livello linguistico: "si deve considerare, in modo particolare, che una è la verità, benché le sue espressioni portino l'impronta della storia" (§ 51). L'enciclica cerca proprio di rispondere all'esigenza di articolare i due piani dell'unicità del vero e della storicità delle sue espressioni che non sono separati, ma chiedono un'esplicitazione della dinamica del loro rapporto. Per istruirlo, richiamiamo due paragrafi dell'enciclica che, letti insieme, possono dire molto su questo: nel paragrafo 87 si evidenzia il limite dello storicismo che

---

[21] *Ibidem,* 272.

[22] *Cfr.* P. COLOMBO, *La recezione del percorso storico della filosofia nell'enciclica Fides et ratio,* in *Teologia 24* (1999), 304-319.

è appunto quello di stabilire la verità di una filosofia riferendoci solamente alla sua adeguatezza in un determinato periodo storico; nel paragrafo 95 si espone la destinazione universale della Parola di Dio. Come si può dunque conciliare l'assolutezza e l'universalità della verità con l'inevitabile condizionamento storico e culturale delle forme che la esprimono? La risposta dell'enciclica si può esplicitare riferendosi alla sua intenzione di muovere dal paradigma (teologico) dell'assolutezza e dell'universalità della verità, così da orientarsi ad una visione della storia della filosofia secondo un duplice criterio: quello guida di fissare i canoni di riferimento a livello razionale che consentano una rilettura adeguata della storia della filosofia e quello conseguente della recensione di alcuni episodi esemplificativi illuminanti circa lo svolgimento del confronto tra fede e ragione.

Considerando dapprima l'elaborazione del criterio guida da parte dell'enciclica *Fides et ratio*, essa pone come centrale la categoria veritativa (senza dimenticare che la verità è Cristo stesso (§ 92)) per evidenziare come essa sia universalmente alla portata di ogni uomo nell'esperienza della percezione del sentimento della meraviglia (§ 4) e dell'esigenza di senso, che si acutizza di fronte alla sofferenza e alla morte (§ 26). Questa ricerca dell'uomo si qualifica come sete della Verità ultima, cioè come desiderio dell'Assoluto, come la fonte della Verità stessa. Circa la concezione di verità che l'enciclica vuole considerare, al paragrafo 66 si afferma che "la teologia dogmatica speculativa presuppone ed implica una filosofia dell'uomo, del mondo e, più radicalmente, dell'essere, fondata sulla verità oggettiva (non oggettivistica o relativistica)" (cfr. anche § 44; 69; 82; 90). A questo riguardo, Tommaso parla di *"adaequatio rei et intellectus"*, cioè della capacità metafisica propria dell'uomo, con la quale siamo giunti alle soglie dell'istanza teologica propriamente detta, disponibile ad accogliere nella Rivelazione la Verità cristologica. In questa sede l'enciclica ha l'occasione di enunciare la visione propria del Concilio Vaticano I del *duplex ordo cognitionis,* dove quello della fede è superiore a quello della ragione, mentre quest'ultimo prepara e dona l'infrastruttura concettuale che possa conferire rigore semantico al primo. Nel Vaticano I si tratta quindi di due ordini di conoscenza che non si oppongono l'un l'altro né si confondono, e "insieme conducono alla verità nella sua pienezza" (§ 34; cfr. § 8 e 9). Quindi il testo mostra l'esemplarità del pensiero di

Tommaso per quanti ricercano la verità (§ 78) circa la sua capacità di strutturazione globale della verità filosofica e teologica.

Dopo aver rispettivamente considerato alcune notazioni costitutive del criterio guida dell'assolutezza della verità che *Fides et ratio* assume per analizzare il percorso storico della filosofia, possiamo ora considerare come l'enciclica operi la ricostruzione del cammino della filosofia nella storia. In essa emerge una scansione generale di questo percorso in tre momenti: nel primo si richiamano le tappe significative del rapporto fede-ragione nel dialogo tra teologia e filosofia nell'epoca patristica e medievale; nel secondo si riflette sulla novità perenne del pensiero tomista: è il tempo della sintesi scolastica; infine si constata nell'epoca moderna il dramma della separazione tra fede e ragione. Per presentare il primo momento delle tappe significative dell'incontro tra fede e ragione (§ 36s.), l'enciclica riprende la testimonianza degli Atti degli apostoli (in particolare la discussione di Paolo ad Atene: Atti 17,18) per ribadire che il lieto annuncio si estende anche al mondo pagano ("filosofi epicurei e stoici"): questa istanza è valida ancora oggi! Così, in Ireneo, Tertulliano, Origene, Giustino, Taziano e Clemente Alessandrino ci sono diverse attuazioni dell'unico tentativo di confronto con la cultura dell'epoca. Tra questi spicca il tentativo di Giustino (§ 38), che sostiene la superiorità del cristianesimo rispetto alle varie dottrine filosofiche e la presenza di "semi di verità" nella filosofia e nella religione pagana, in quanto la fede cristiana è "l'unica sicura e proficua filosofia" *(Dialogo con Trifone, 8,1)*, come afferma analogamente Clemente Alessandrino chiamando il Vangelo «la vera filosofia» *(Stromati 118,90,1)*. Il passaggio dal semplice confronto "all'assunzione critica del pensiero filosofico" (§ 39) avviene con Origene, che, riferendosi al platonismo, inaugura un percorso nuovo. In quest'opera di cristianizzazione del pensiero platonico e neo-platonico (§ 40), si distingue Dionigi l'Areopagita e soprattutto sant'Agostino, sul quale l'enciclica si sofferma, che ha il merito di compiere la prima sintesi teologica, evidenziando la reciprocità esistente tra fede e riflessione razionale. L'atteggiamento critico, e non ingenuo, dei pensatori cristiani è richiamato nell'enciclica nel paragrafo 41, dove si fa menzione di Tertulliano. Sempre in questo paragrafo, si definisce sinteticamente la novità operata dai Padri: "essi accolsero in pieno la ragione aperta all'Assoluto e in essa innestarono la ricchezza proveniente dalla Rivelazione". Nel paragrafo successivo viene riportata l'affermazione di sant'Anselmo di Canterbury che integra in modo particolarmente apprezzabile il reciproco accordo tra conoscenza filosofica e conoscenza di fede: *"fides quaerens intellectum"*. È però con Tommaso d'Aquino (§ 43-44) che l'armonia tra fede e ragione raggiunge il suo apice, dove "come la grazia suppone la natura e la porta a compimento, così la fede suppone e perfeziona la ragione" (§ 43). Nel Dottore Angelico la fede mantiene il carattere soprannaturale e la ragione la supporta attraverso *i preambula* e l'approfondimento della coerenza interna: qui emerge efficacemente che è soltanto nell'unità dei distinti che la verità emerge in tutta la sua coerenza. Raggiunto questo culmine, "a partire dal tardo Medio Evo, tuttavia, la legittima distinzione tra i due saperi si trasformò progressivamente in una nefasta separazione" (§ 45). Questo è dovuto all'emergere di diversi fattori, come l'accentuazione della pretesa di autonomia della ragione filosofica e la deriva fideistica della recezione credente della Rivelazione. Si inaugura così un umanesimo ateo che considera "la fede come dannosa e alienante per lo sviluppo della piena razionalità" (§ 46). Si impone quindi una mentalità positivista che trascura le dimensioni etiche e metafisiche dell'uomo (cfr. Circolo di Vienna). Ne derivano diversi esiti, come il nichilismo, che sarebbe di difficile presentazione qualora fosse posto in dialogo con la filosofia esistenzialista di Sartre e dell'essere di Heidegger. In essi l'enciclica riprende due orientamenti tipologici del pensiero contemporaneo: innanzitutto la filosofia moderna da sapere ultimo ed universale si riduce a semplice disciplina regionale; inoltre il pensiero vive una sorta di rinuncia di fronte alla domanda sul fine delle cose, sul senso ultimo, per limitarsi e disperdersi circa i mezzi: si tratta di una ragione strumentale. Questo è in breve il bilancio che l'enciclica elabora considerando il cammino storico della ragione filosofica. Ora, tenendo presente come *Fides et ratio* ha ripercorso questa analisi, esplicitiamo alcune istanze critiche. Innanzitutto bisogna notare come a più riprese le correnti filosofiche sono considerate in modo frettoloso ed impreciso e questo non si può scusare totalmente con il riferimento alla tipologia e alla finalità del documento in questione. In questo ci riferiamo ai paragrafi 55 e 56, dove si identifica "la fine della filosofia" con la perdita della passione per la verità ultima e dell'ansia per la ricerca. Un altro esempio possiamo ritrovarlo nella ricostruzione delle tesi della post-modernità (§ 90-91). Analogamente, il riferimento al nichilismo non è illustrato adeguatamente; inoltre, quello alle tesi heideggeriane è solamente alluso. Questi rilievi critici, pur essendo a mio giudizio adeguati, non intaccano comunque l'opportunità della lettura della storia della filosofia grazie al metodo euristico. Rimane tuttavia aperto l'interrogativo di fondo riguardante l'impostazione tomista: è davvero l'unica o comunque la privilegiata modalità di approccio alla questione filosofica? L'ipotesi di lavoro sulla quale l'enciclica si sviluppa è costituita dal primato della metafisica: solo così rimane aperta la possibilità di riaffermare il carattere fondativo della filosofia. In questo emerge a mio giudizio l'importante opportunità che scaturisce dall'ermeneutica che, purtroppo, è considerata dall'enciclica solamente in "riferimento all'approfondimento del rapporto esistente tra linguaggio concettuale e verità" (§ 96) o limitatamente all'interpretazione linguistico-testuale della Verità Rivelata. Bisogna invece riconoscere come l'istanza ermeneutica non sia riducibile tout court allo statuto di una disciplina tecnica, avente un valore regionale, in quanto ausiliaria, ma possiede un'innata capacità originaria di interagire come domanda sull'intero, che si rivelerebbe particolarmente opportuna non perdendo di vista il riferimento alla verità. È quindi necessario far fronte all'opposizione che talvolta emerge tra verità (metafisica) e senso (ermeneutica), in quanto l'ermeneutica è in grado di proporsi come teoria filosofica complessiva, cioè come "filosofia prima". In questo modo, "l'ermeneutica, lungi dall'essere considerata un «problema risolvibile», appare il luogo di una possibile riappropriazione della fondazione teologica entro un orizzonte di pensiero di indubbia carica innovativa rispetto alla tradizione di assonanza metafisico-scolastica".[23]

Possiamo così concludere questa panoramica arricchiti dall'analisi dei modelli filosofici che si sono succeduti nella storia e rinforzati dalla coscienza di aver acquisito una nuova prospettiva adeguata alla figura attuale della ragione.

---

[23] P. COLOMBO, *La recezione del percorso storico della filosofia nell'enciclica Fides et ratio,* in *Teologia* 24 (1999), 319.

3. I CONTENUTI: LE TEMATICHE FONDAMENTALI

3.1 L'INTRINSECA QUALITÀ RELIGIOSA DELLA CONOSCENZA: LA QUESTIONE DEL "SENSO"[24]

Il tema centrale dell'enciclica è facilmente identificabile già a partire dalle parole con le quali si apre, legate alla dedica ai vescovi: è il rapporto tra fede e ragione. In realtà, se ci soffermiamo sulla figura che viene impiegata per rendere in modo preliminare il rapporto tra questi due termini della riflessione, emerge una difficoltà ermeneutica: le due ali sono in funzione dello stesso volo, però sono opposte l'una all'altra. Fuor di metafora, la prospettiva dell'orizzonte unico del cammino verso la verità potrebbe così scindersi in due percorsi opposti che si incontrano solo alla fine delle rispettive riflessioni. Questa difficoltà, che, qualora fosse accentuata, potrebbe portare ad una separazione insanabile e deleteria tra fede e ragione, è allontanata dal porre al centro l'importanza della loro inscindibilità come giustificata e necessitata "affinché non venga meno nell'uomo la possibilità di conoscere in modo adeguato se stesso, il mondo e Dio" (cfr. § 16). Ma questo orizzonte non basta per chiarire il rapporto tra le due istanze: è necessario considerare l'oggetto nel quale la fede e la filosofia imbattendosi trovano lo scoglio che può originare un naufragio o diventare una rampa di lancio verso "l'oceano sconfinato della verità" (cfr § 23): questo scoglio è la "follia" della croce, che traccia la distinzione esistente tra la ragione e la fede, per evidenziare l'ampio spazio di dialogo esistente tra di esse. In realtà, bisogna anche mettere in risalto che le due istanze non si possono intendere in modo univoco, ma vanno calibrate; altre dizioni sono, per esempio, le coppie "fede e conoscenza", oppure "religione e conoscenza". Inoltre non si può prescindere dalla precomprensione derivante dalla filosofia moderna e contemporanea e dalle svariate forme di sapere scientifico, che rischiano di creare un fossato tra fede e conoscenza razionale. Questo rischio reale viene però smentito dalla tesi che emerge

[24] Cfr. G. ANGELINI, *Fides et ratio. Il sapere della ragione e la sapienza,* in *Teologia* 24 (1999), 273-288.

dall'enciclica, secondo la quale la conoscenza dell'uomo possiede un'originaria qualità religiosa, che suggerisce un nesso intrinseco esistente tra sapere e libertà, in altri termini, tra sapere e fede. Bisogna però notare, in sede critica, che questa tesi è espressa attraverso una strumentazione concettuale oramai inadeguata. Per non svalutare a priori la portata di questa enciclica, è necessario chiarire innanzitutto la portata del genere cui essa appartiene, collocandola nel recente "magistero pastorale" della chiesa. L'enciclica è frutto dell'attività di una pluralità di estensori, che redigono il suo testo utilizzando anche registri linguistici non perfettamente coordinati, dove l'orientamento assunto è quello di "aggiornamento" e "dialogo" con la cultura moderna, proposto dal Vaticano II. Inoltre, il registro di un'enciclica non è certamente quello di una costituzione dogmatica: in positivo, il suo registro proprio è quello pastorale. Eppure bisogna tener presente che questa enciclica ha un carattere particolare in quanto tratta una questione epistemologica, dove si denuncia presente nella teologia precedente il disinteresse circa la filosofia e si propone di vedere in quest'ultimo sapere "la via per conoscere fondamentali verità concernenti l'esistenza dell'uomo" (cfr. § 5). È proprio qui che emerge la particolare discrepanza presente nell'enciclica tra l'innovativa concezione che vuole apportare e l'utilizzo, per comunicarla, dì categorie ormai inadeguate; questo avviene a causa della mancanza di una chiarificazione teorica. Come accennavo sopra, è importante anche considerare quale sia l'immagine di filosofia che l'enciclica valuta e assume. Ad uno sguardo attento, emerge che sono due le immagini di filosofia presenti nel testo. Innanzitutto, un modo di vedere la filosofia è quello riguardante la ricerca dell'uomo circa il senso delle cose che lo circondano: è l'aspetto che potremmo definire "sapienziale", del sapere immediato della coscienza (che rappresenta la nuova concezione che vuole apportare l'enciclica). L'altra prospettiva nella quale è considerata la filosofia nell'enciclica è quella in continuità con la concezione della scolastica, dove il tratto qualificante è rappresentato dal sapere riguardante la verità universale per introdurre l'uomo alla comprensione del suo destino e della prospettiva di fede. Sono quindi due accezioni di filosofia diverse, entrambe interessanti, che devono essere però esplicitate nei loro legami in quanto essi non si mostrano autonomamente. Per giungere ad evidenziare tali legami, è necessario considerarle separatamente: la filosofia pensata come conoscenza dei principi universali (cfr. § 4c) mette a fuoco il nucleo che accomuna i punti nodali propri delle tematiche trattate da ogni cultura. Questo permette un ampio confronto tra le culture, ma questa assolutezza dei principi universali rischia di svilupparsi a scapito delle forme storiche effettive nelle quali il pensiero trova le sue radici.

L'altro punto di vista nel quale si pone la filosofia, è più vicino all'etimologia del termine stesso, in quanto la filosofia è concepita appunto come "amore per la saggezza" (cfr. § 3): in questa prospettiva la coscienza è spontaneamente spronata alla ricerca del vero (cfr. § 6c), avendo come riferimento costante il nesso intrinseco con la fede, stigmatizzato nel versetto biblico di Proverbi 1,7: "Principio della scienza è il timore del Signore" (cfr. § 20). Da qui si apre lo spazio per l'instaurarsi del rapporto fecondo tra il sapere (riferentesi alla ragione) e la libertà (riferentesi alla fede), che si vedrà in seguito. Così enunciate, queste due accezioni di filosofia risultano ancora semplicemente giustapposte; per superare questa impasse, bisogna partire da una nuova semantizzazione del concetto di "verità", riferendosi al lessico filosofico odierno: è la nozione di "senso". Come posso trovare il "senso" nella mia vita? Oggi non basta più l'atto della ragione che si riferisce alla realtà delle cose conoscendole (cfr. *"adaequatio rei et intellectus"),* ma viene chiamata in azione la coscienza di ogni uomo, nella quale non si può fare altro che meravigliarsi di fronte alle conoscenze che ci pervengono e ci parlano indirettamente dell'agire di Dio verso l'umanità come ricco di doni e di grazia, di fronte alla quale non si può rimanere inerti, in quanto essa esige una risposta della nostra libertà all'invitante promessa che è la vita. Questo lo possiamo riprendere esemplificativamente in alcuni brani biblici come quello della manna (Es 16), dove il dono richiede l'obbedienza della libertà ad un imperativo come quello dell'albero della vita (Gen 2), dove ancora più esplicitamente emerge che non è possibile conoscere senza sperimentare in modo diretto, dove questo non è possibile infinitamente (non posso provare tutto, per comprendere cosa è bene e cosa è male!). La prospettiva del "senso" dev'essere dunque intesa come promessa che implica direttamente l'intervento della mia libertà, nella quale svolge un ruolo determinante la fede: solo nel credere, "la libertà raggiunge la certezza della verità e decide di vivere in essa" (§ 13b). Questo progetto, suggerito attraverso alcune immagini bibliche, dovrebbe essere elaborato teoricamente in modo tale da permettere di uscire dalla rappresentazione statica e insufficiente di fede e ragione come due ordini di conoscenza.

3.2 L'INTENZIONE DELL'ENCICLICA E IL SUO MODELLO CONCETTUALE[25]

Considerato lo scarto esistente fra l'istanza che l'enciclica vuole esprimere e il quadro concettuale nella quale è espressa, si rende necessario lasciare momentaneamente in secondo piano il modello concettuale usato (pur essendo consapevoli che è un'operazione a dir poco ardua) così da poterne apprezzare l'istanza innovativa. Per facilitare tale riduzione, è maggiormente immediato partire dal livello più originario, che è quello del rapporto esistente tra fede e ragione, e non subito da quello derivato, presente tra teologia e filosofia.

Problematizzate queste distinzioni preliminari non irrilevanti, concentriamo ora l'attenzione sulla tematica portante dell'enciclica. Essa vuole affermare la qualità originariamente religiosa della capacità insita nell'uomo di giungere alla conoscenza della propria verità ultima che è Dio. Questa tematica non è assente dalle encicliche precedenti. Infatti *l'Aeterni Patris* di Leone XIII, come abbiamo già avuto modo di considerare nella sezione dedicata al contesto, è ripresa dalla *Fides et ratio,* la quale evidenzia però alcune differenze sostanziali, come il non canonizzare alcuna filosofia particolare (cfr § 49; 78), così da assegnare alla filosofia non più il compito di costruire un'infrastruttura razionale della fede che risulti esterna a quest'ultima, ma un'autonomia della filosofia benefica per la fede, in quanto la ragione è capace di un'apertura universale alla verità. Così si crea una reciprocità dapprima impensata tra le due istanze in questione: la verità cristiana è destinata ad ogni uomo, poiché l'uomo è in se stesso destinato alla verità cristiana: questo lo si scopre grazie all'apporto della filosofia. Non si tratta di un gioco di parole in quanto il referente assunto dall'enciclica, per giustificare l'interesse della fede per la filosofia e l'intrinseca qualità religiosa di quest'ultima, è la domanda circa il senso dell'esistenza, che è enunciata nell'*Introduzione (§* 1) e ripresa nella *Conclusione* (§ 107). Nel § 1, trattando dell'apertura dell'uomo alla verità, emerge che l'enciclica ha assunto in sé l'identificazione, propria del pensiero occidentale, di

---

[25] *Cfr.* A. BERTULETTI, *Fides et ratio. L'intenzione enunciativa dell'enciclica e il suo modello concettuale, in Teologia 24* (1999), 289-295.

questa tensione dell'uomo alla verità con il cammino della ragione, senza però tematizzarlo. Questo modello, a nostro giudizio inadeguato, cela inavvertitamente la teoria del "duplice ordine di conoscenza" ereditato dalla teologia neoscolastica. Questo si può riscontrare nello svolgimento stesso della trattazione dei due movimenti che vogliono dar ragione della reciprocità instauratasi tra fede e ragione, reciprocità che in realtà non può sussistere in quanto viene formulata di volta in volta introducendo un originario irriducibile alla distinzione tra queste due istanze e che può essere formulato solamente forzandola. Infatti, nel movimento procedente dalla fede alla ragione, istruito nel secondo capitolo dell'enciclica, intitolato *Credo ut intelligam,* la ragione, intesa come la conoscenza che è tematizzata nella letteratura sapienziale (§ 16-22), è posta nell'atto di fede come suo ambito proprio; dall'altra parte, nel movimento reciproco dalla ragione alla fede, esposto nel terzo capitolo dell'enciclica, avente appunto come titolo *Intelligo ut credam* si pone l'altra istanza, dove l'uomo, che cerca la verità, "è anche colui che vive di credenza" (cfr. § 31). Così posti, questi due movimenti, visti in una prospettiva di reciprocità, non risolvono in altre parole l'accostamento artificioso dei due registri già visti del sapere della coscienza e di quello del concetto.

Considerato il livello "originario" del rapporto esistente tra fede e ragione, per comprendere meglio l'intenzione dell'enciclica è opportuno evidenziare come vi si instauri il rapporto, per certi aspetti derivato, esistente tra la teologia e la filosofia. Anche qui emerge l'utilizzo del linguaggio del modello del duplice ordine, però, insieme ad esso, compare in modo esplicito la differente intenzione che scaturisce dall'enciclica. Essa intende porre l'attenzione innanzitutto sul riconoscimento dell'autonomia della filosofia che non si presenta come già predeterminata, ma che dev'essere intesa come una riflessione incondizionata riguardo all'oggetto stesso, che è appunto la verità, che non si può ridurre all'empirico e al fenomenico (cfr. § 83), in quanto esige un respiro metafisico permanentemente aperto al sapere dell'assoluto e del fondamento. È proprio questa caratterizzazione della filosofia che permette di comprendere come essa possa garantirsi sciolta da legami che la snaturerebbero e, insieme, essere a pieno titolo collaboratrice privilegiata della ricerca teologica, in modo tale da accompagnare l'uomo all'esperienza religiosa così da guidarlo con l'*intellectus fidei* a scoprire ed esprimere con coerenza il valore universale e trascendente della verità rivelata. È in questa prospettiva che possiamo affermare in modo più consapevole che "il rapporto che deve opportunamente instaurarsi tra la teologia e la filosofia sarà all'insegna della circolarità" (§ 73). Siamo così giunti al cuore dell'enciclica che, per essere considerato a pieno, richiede una ricognizione più ampia della stessa.

3.3 IL PERCORSO RACCHIUSO NEL CUORE DELL'ENCICLICA

3.3.1 LA STRUTTURA

Per poter individuare il centro tematico dell'enciclica, il procedimento più adatto è quello che muove dalla considerazione dell'impianto globale e delle dinamiche presenti nella stesura dell'insegnamento di San Giovanni Paolo II, così da coglierne l'unità del contenuto. Innanzitutto, l'enciclica si compone di sette capitoli, che sono racchiusi da un *Proemio* e una *Conclusione.* Nel *Proemio,* che si rivolge ai vescovi, in quanto destinatari primi dell'enciclica, si possono già rintracciare in nuce i temi che verranno sviluppati e rapportati tra di essi nel corso della lettera: innanzitutto la fede e la ragione, che sono presentati con l'immagine poetica delle due ali che lo spirito dell'uomo possiede "per innalzarsi alla contemplazione della verità". È però necessario notare come questa immagine sia passibile di alcune interpretazioni fuorvianti, come quella che giustappone le due istanze che certamente possono collaborare nel "volo", ma che rimangono comunque opposte, tendenti quasi a due "voli" diversi[26]. Eppure, se consideriamo l'aspetto importante della distinzione delle due istanze, così da salvaguardarle da un esito negativo, quale la fusione di esse, che comporterebbe l'impossibilità di volare verso la contemplazione della verità, possiamo constatare l'opportunità di tale immagine.

Dal *Proemio* emerge nello stesso tempo come Dio ci ha creati come uomini aventi nel cuore il desiderio di conoscere la verità e, "in definitiva", Lui stesso, dove la conoscenza implica un'adesione ("amandolo") così da trovare un'identità, grazie alla scoperta progressiva del senso della vita.

L'*Introduzione (§ 1-6),* con la quale si apre il testo, tematizza l'attenzione della Chiesa al cammino dell'uomo verso la verità, la quale gli rivela il senso delle cose e,

---

[26] Intervento di P. RICCA (Professore di Teologia alla Facoltà Valdese di Roma) nella tavola rotonda su *Fides et ratio,* tenutasi presso l'Università degli Studi di Milano.

soprattutto, della vita, anche grazie al contributo della filosofia. Al paragrafo 6 si sintetizza l'intenzione dell'enciclica come la necessità della riaffermazione, nel contesto culturale odierno, della riflessione sulla verità.

Il primo capitolo (§ 7-15), parlando della *Rivelazione della sapienza di Dio,* chiarisce il contesto fondamentale nel quale si rapportano le due istanze protagoniste dell'enciclica. La tematica della Rivelazione non è richiamata casualmente all'inizio, poiché è proprio da essa che origina la discussione.

Il secondo e il terzo capitolo, intitolati rispettivamente *Credo ut intelligam* e *Intellego ut credam,* pongono al centro la circolarità tra fede e ragione ritornando all'originaria tradizione teologica agostiniana circa l'impostazione della problematica. Così, nel secondo capitolo l'intenzione è quella tendente ad evidenziare il primato della fede, mentre nel terzo capitolo si evidenzia l'approdo del percorso della ragione e la sua assunzione nell'ambito della fede che apre alla verità divina. Il movimento espresso nel secondo capitolo (§ 16-23) si sviluppa partendo dalla sottolineatura che il fondamento di ogni cosa si trova in Dio e il timore del Signore aiuta a scoprirlo presente nel mondo; inoltre, riprendendo l'Antico Testamento, la conoscenza viene connotata essenzialmente come frutto dell'apertura alla relazione che per noi cristiani è riabilitata dalla morte redentrice di Cristo in croce, morte che, per essere veramente contemplata appieno, richiede un salto di qualità nel rapporto tra filosofia e teologia, dove solamente il mistero di Amore che scaturisce dalla croce può purificare la ragione dalla pretesa di possedere la verità (cfr. § 23, in particolare).

Il movimento reciproco avviene nel terzo capitolo (§ 24-35), dove si tematizza l'uomo come *capax veritatis* e l'importanza del passaggio dalla semplice credenza al credere alla Rivelazione, che viene compresa alla luce della ragione.

In questo modo si introduce il capitolo quarto (§ 36-48) intitolato *"Il rapporto tra la fede e la ragione",* che entra nel merito della questione ripercorrendo dapprima le tappe storiche significative dell'incontro tra fede e ragione, dai padri della Chiesa, che trovano alleati i filosofi nel purificare la religione dagli aspetti superstiziosi, riferendosi poi alla sintesi armoniosa eseguita da san Tommaso d'Aquino nel contesto significativo del Medioevo, fino al passaggio dalla distinzione alla separazione tra la teologia e la filosofia, dove, rispettivamente, la ragione autonoma perde il riferimento ultimo, e la fede, sospettosa circa la conoscenza razionale, perde l'aggancio fondamentale alla propria universalità.

Il quinto capitolo (§ 49-63) richiama gli interventi principali del magistero in materia filosofica, dove riconosce l'importanza di stimolare il pensiero filosofico al riconoscimento del mistero: per far questo bisogna eliminare gli elementi che si rivelerebbero inaccettabili qualora fossero riferiti alla fede professata, così da salvaguardare l'oggetto di fede da interpretazioni erronee, e porre delle linee guida, come quelle derivanti dal Vaticano I, quali sono la Costituzione dogmatica *Dei Filius* e l'enciclica *Aeterni Patris* di Leone XIII con i debiti aggiustamenti. Da questa breve ricognizione storica, emerge più forte la necessità di favorire il legame esistente tra il lavoro teologico e la ricerca filosofica della verità.

Così, nel sesto capitolo (§ 64-79) si pianificano alcuni principi che possano favorire una relazione armoniosa nell'interazione tra teologia e filosofia e si analizzano i differenti stati nei quali quest'ultima si pone rispetto alla prima. Innanzitutto si ribadisce che la filosofia supporta la "scienza della fede" sia nel movimento dell'*auditus fidei* che in quello dell'*intellectus fidei* (§ 65). Per favorire questo, la teologia fondamentale possiede e impiega opportunamente il ruolo chiave di "giustificare ed esplicitare la relazione tra la fede e la riflessione filosofica" (§ 67), che non può mancare all'uomo per raggiungere e comunicare la Verità rivelata. Il paragrafo che riguarda in modo più diretto la questione fondamentale dell'enciclica è il numero 73 che dichiara apertamente la necessità che tra la teologia e la filosofia si instauri un rapporto all'insegna della circolarità: questo punto centrale necessita di una ripresa più puntuale che verrà svolta più avanti, in quanto sarà prima necessario considerare più approfonditamente il vero punto di aggancio e di confronto tra le due istanze, cioè la Rivelazione cristiana (§ 79).

Il capitolo settimo (§ 80-99), si rivela in stretta continuità con il capitolo precedente in quanto espone le esigenze irrinunciabili della Parola di Dio, in forza delle quali la filosofia non può lasciarsi trascinare nelle trappole dell'eclettismo (§ 86), dello storicismo (§ 87), dello scientismo (§ 88), del pragmatismo (§ 89), o del nichilismo (§ 90), per richiamare solamente i pericoli più significativi presenti nell'epoca della "post-modernità". Su questo scenario si stagliano in prospettiva i compiti attuali per la teologia, che si possono strutturare in due movimenti, quali la ricezione delle istanze derivanti dalle differenti culture per poi trasmettere ad esse, in un linguaggio comprensibile, "l'intelligenza della Rivelazione e il contenuto della fede", sempre con la collaborazione preziosa della filosofia (cfr. § 92-93). Con i capitoli sesto e settimo, il pontefice, nel descrivere lo statuto della filosofia e le esigenze che la Parola di Dio le pone, sviluppa il tema della verità come fine ultimo a cui la ragione e la fede tendono collaborando. Nella *Conclusione,* si afferma che, dopo aver sintetizzato i valori e i limiti della filosofia nei confronti dell'intelligenza della fede, è ora più che auspicabile per la teologia il recupero del suo genuino rapporto con la filosofia (§ 101), in modo tale da approfondire nell'uomo la ricerca delle dimensioni costitutive del vero, del buono e del bello (§ 103).

Nei quattro paragrafi che chiudono l'enciclica, si può rintracciare la ricapitolazione dell'intero documento in quanto il compito dei teologi (§105), cioè quello di recuperare la dimensione metafisica della verità, e quello dei filosofi (§ 106), ossia quello di evidenziare le dimensioni di autentica saggezza e di verità anche metafisica presenti nel loro pensiero, derivano entrambi dall'unica esigenza che è quella di guardare in profondità all'uomo, salvato dall'Amore di Cristo (§ 107). Nel paragrafo conclusivo, è molto preziosa e adeguata l'invocazione alla Beata Vergine Maria affinché aiuti ogni uomo nel cammino verso la sapienza. Inoltre, la figura di Maria non viene invocata introducendola in modo estrinseco, ma la sua vocazione viene presentata in stretta correlazione con quella della filosofia: come Maria, accogliendo l'annuncio dell'angelo Gabriele e dando il suo assenso ha inverato la sua umanità nella libertà, così il pensiero filosofico, accogliendo l'invito che gli viene rivolto dalla Rivelazione, che è appunto la Verità del Vangelo, non perde la sua autonomia, ma la realizza nel modo più pieno. Questa visione dell'immagine della vera filosofia in Maria è già presente nei santi monaci dell'antichità cristiana, che, appellando la Vergine "la mensa intellettuale della fede"[27], erano convinti della necessità di *philosophari in Maria.*

Dopo questa breve ricognizione riguardante la struttura dell'enciclica, soffermiamoci ora sull'istanza che deve guidare la filosofia e il credere di ogni cristiano: la ricerca della Verità.

---

[27] «'e noerà tes písteos tràpeza»: *Omelia in lode di Santa Maria Madre di Dio,* dello PSEUDO EPIFANIO: PG 43,493. (Nota ripresa dall'opera *Fides et ratio. I rapporti tra fede e ragione,* Piemme, Casale Monferrato 1998, 157).

3.3.2 LA RICERCA DI SENSO DELL'UOMO E IL SUO FONDAMENTO: IL REALISMO DELLA FEDE E L'ADEGUATEZZA DELLA STRUTTURA ONTOLOGICA DELLA RIVELAZIONE CRISTIANA[28]

Sin dall'inizio dell'enciclica, nel *Proemio* e nell'*Introduzione* emerge chiaramente che "il problema centrale dell'enciclica *Fides et ratio* è la questione della verità, che non è una delle tante e molteplici questioni che l'uomo deve affrontare, ma è la questione fondamentale, ineliminabile, che attraversa tutti i tempi e le stagioni della vita e della storia dell'umanità"[29]. Da questa affermazione sorge spontaneo il desiderio di considerare quale sia lo statuto che la verità oggi porta con sé o, meglio, quale sia il tipo di evidenza che l'uomo odierno le attribuisce. Ponendo il problema in questa modalità, dobbiamo innanzitutto riconoscere un dato di fatto che ci precede: nella filosofia attuale non esiste più un concetto *forte* di verità, cioè non si ritiene più possibile la ricerca di un "contenuto" che si possa definire come una verità certa, indiscutibile, che si ponga immutabile al di là delle possibili congetture. Questo esito, al quale ha portato la modernità, a mio giudizio prepara il terreno ad una nuova prospettiva che rivela l'acriticità del concetto moderno di verità e, positivamente, evidenzia il legame costitutivo che la verità possiede in relazione all'uomo, considerato come soggetto chiamato a decidere. Infatti, nell'atto della decisione, l'uomo si riconosce situato in una storia, predeterminato sotto alcuni aspetti ed è proprio grazie a questi che può orientarsi e che deve compiere una scelta. Ecco quindi l'importanza che ogni uomo sia consapevole di sé, delle proprie origini, del proprio essere (consapevolezza che è costitutivamente correlata, appunto), per poter decidere. La questione della verità si rivela quindi non limitabile solamente ad una questione di *conoscenza,* ma come necessariamente legata alla *coscienza* del soggetto. In altre parole, la verità nell'uomo è tale se ha un senso, se sfocia in una decisione. Ancora più radicalmente bisogna allora affermare che io decido del senso nell'atto stesso della scelta. Quindi si impone come necessaria una mia decisione circa il senso che mi precede costitutivamente. In questa

---

[28] Per questa analisi mi riferisco all'articolo di A. BERTULETTI, *La fede cristiana e la questione della verità,* in A. BERTULETTI ET AL., *La fede in discussione, LIG,* Bergamo, 1998, 99-110.

[29] Card. J. RATZINGER, nel suo intervento di presentazione dell'enciclica, in *«L'Osservatore Romano»,* 16 Ottobre 1998.

prospettiva "la questione della verità, così intesa, è identica alla questione di Dio. Entrambe non sono poste *dal* pensiero, ma si impongono *al* pensiero a partire da un'esperienza che non è di tipo riflessivo. Essa possiede la struttura di un accadere, in cui il soggetto è coinvolto, che non è in nessun modo facoltativa. Essa risponde a una necessità [...] quella di un'istanza che chiede al soggetto di essere riconosciuta".[30] Il pensiero cartesiano a riguardo dell'uomo, secondo questa prospettiva, racchiude in sé non solo "l'accesso dell'io alla coscienza di sé", ma questo coincide pure con l'accesso a Dio perché l'uomo può sperimentarsi come essere finito solamente in quanto si riconosce già posto in relazione con un assoluto che lo supera. Problematizzando, quando l'uomo può riconoscersi inserito attivamente in questa relazione con una dimensione assoluta? Questo come può avvenire realmente? In altre parole, quali sono le condizioni di possibilità secondo le quali il senso potrebbe manifestarsi (o essersi manifestato) all'uomo? Si pone qui la necessità che venga colmata la distanza che separa l'uomo nella sua finitezza dalla Realtà assoluta, che è l'unica adeguata a poter fondare ogni decisione dell'uomo e, quindi a manifestargli un senso. L'unica possibilità per dare un fondamento alla ricerca del senso da parte dell'uomo, posto nel tempo e, insieme, proiettato al compimento, può quindi giungere da un'iniziativa divina che si riveli nel tempo e nello spazio, cioè nelle coordinate intelligibili per l'uomo, in una parola nella storia. Potremmo chiamare questo come il fondamento "razionale" della fede: "il realismo della fede si realizza nella sua attitudine a conferire al tempo della vita il carattere di *riconoscimento* del realismo della promessa".[31] Questo riconoscimento evidenzia ancora una volta il carattere implicante della verità, che non pregiudica la sua autenticità, ma, al contrario, la fonda. La verità esige un credere in essa: ecco l'importanza della fede nella decisione continua circa il senso della vita. Eppure è necessario avere un fondamento che sia intelligibile per l'uomo, affinché la sua fede non scada nell'evanescenza del fideismo. Questo riferimento essenziale, per essere recepibile dall'uomo, deve manifestarsi nelle dimensioni adeguate al destinatario, cioè deve assumere effettivamente la finitezza della storicità. In altre parole, la verità si pone nella

---

[30] A. BERTULETTI, *La fede cristiana e la questione della verità,* in A. BERTULETTI ET AL., *La fede in discussione, LIG,* Bergamo, 1998,102-103
[31] *Ibidem,* 106.

condizione di diventare senso per l'uomo solamente grazie ad un'autocomunicazione che costituisce essa stessa la garanzia del realismo della fede (dove quest'ultima non viene per ciò stesso snaturata, in quanto mantiene il proprio carattere libero, fiduciale). Le caratteristiche di quest'autocomunicazione divina corrispondono a quelle della Rivelazione cristiana. Infatti, nell'Incarnazione di Gesù Cristo, l'Assoluto per eccellenza entra evenenzialmente nella storia, rivelando il suo Amore per noi, annunziandoci così la Verità che può diventare il senso di ogni uomo, (dove si può facilmente constatare che l'annuncio cristiano si pone in modo particolarmente interessante circa l'ontologia della storicità) grazie al quale e per il quale decidere. Sintetizzando questo concetto centrale in una proposizione, possiamo dire che "la rivelazione cristologica risponde alla questione della verità, poiché in essa giunge a evidenza storica il senso della reciprocità fra la verità di Dio e l'identità dell'io".[32] L'autentica scommessa che la Verità rivelata rivolge all'uomo "consiste quindi nel riconoscimento che il realismo di Dio coincide con la storia di Gesù"[33]: è questa la fede cristologicamente determinata. La rivelazione storica della verità di Dio provoca nell'uomo la liberazione dal non-senso e l'apertura ad una vera libertà di scelta. Qui è possibile riscontrare una magistrale realizzazione della struttura che dovrebbe caratterizzare ogni autentica esperienza umana, cioè dell'incontro fruttuoso tra una verità rivelata e l'assenso attivo e cosciente dell'uomo che vi intravvede il senso che gli dona un'identità ben precisa. È proprio in forza di questo incontro che l'uomo si sente autorizzato a scegliere di compiere una determinata azione piuttosto che un'altra: l'uomo può decidere perché cogliere la Rivelazione come "un'anticipazione affidabile del compimento. La verità dell'uomo si decide nella storia, perché la verità non dimostra la sua evidenza a prescindere dalla decisione dell'uomo".[34] Ne consegue l'importanza della risposta libera dell'uomo a questa verità che lo interpella, risposta che entra a far parte costitutivamente del senso di questa verità che si dona incondizionatamente. Si apre qui il capitolo fondamentale concernente l'agire dell'uomo, che non prendiamo in esame in questa sede per non ampliare eccessivamente il discorso.

---

[32] *Ibidem,* 106.

[33] *Ibidem,* 107.

[34] M. EPIS, *Introduzione alla teologia del '900, in* A. BERTULETTI ET AL., *La fede in discussione, LIG,* Bergamo, 1998, 69-70.

3.3.3 LA CIRCOLARITÀ NECESSARIA TRA TEOLOGIA E FILOSOFIA: CAPITOLO VI, § 73

Forti del guadagno ricavato dalla ricognizione effettuata circa la Rivelazione, avendo apprezzato la sua consistenza fondativa in qualità di evento storico nel quale la verità si dona ad ogni uomo, possiamo ora considerare con uno sguardo più ampio le due istanze in questione, iniziando proprio dall'interpellanza che nell'enciclica è rivolta alla filosofia in nome "delle esigenze che scaturiscono dalla Parola di Dio" (cfr. § 106). La Rivelazione si rivolge alla ragione e alla sua capacità di andare alla verità in quanto "la Parola di Dio si indirizza ad ogni uomo, in ogni tempo e in ogni parte della terra; inoltre l'uomo è naturalmente filosofo" (§ 64). "Nella filosofia, è la natura stessa dell'uomo che si esprime"[35]. La ragione, come tutte le abilità umane, può essere esercitata conformemente alla sua natura e, ancora meglio, alla sua vocazione: ecco la *recta ratio.* La teologia invita quest'ultima a collaborare in particolar modo all'elaborazione *dell'intellectus fidei,* riconoscendo e rispettando la sua autonomia. In questo modo, "la fede provoca la ragione ad abbandonare ogni isolamento per rischiare volentieri per tutto ciò che è bello, buono e vero" (§ 56). La filosofia, per rispondere a questo appello, deve disancorarsi dagli sterili esiti nichilisti e materialisti, in modo tale da appassionarsi alla ricerca propria di ogni uomo circa il senso della vita, così da interrogarsi, senza scoraggiarsi, sulla ricerca della verità. Questo "discernimento", operato circa la filosofia, è accompagnato da una sua purificazione, che avviene nel corso della stessa apertura alla Rivelazione. Infatti, al centro della Verità rivelata risalta la croce di Cristo, "*scandalo per i giudei, stoltezza per i pagani; ma per coloro che sono chiamati, sia Giudei che Greci, predichiamo Cristo, potenza di Dio e sapienza di Dio" (1 Cor 1,23b-24).* In essa, la ragione non può fare altro che lasciarsi disarmare circa la pretesa dell'autosufficienza, così da aprirsi all'orizzonte più ampio che può condividere con la saggezza teologica e la sapienza che è dono dello Spirito Santo. In altri termini, riprendendo le parole dell'enciclica, l'abbandonarsi della ragione nelle mani della fede le impedisce di rimanere rinchiusa nelle "secche di un sistema". "Il rapporto fede e filosofia trova nella predicazione di Cristo crocefisso e risorto lo scoglio contro il quale può naufragare, ma

[35] Dall'intervento di P.G. COTTIER, in occasione della presentazione dell'enciclica *Fides et ratio,* tratto da *«L'Osservatore Romano»* del 16 Ottobre 1998.

oltre il quale può sfociare nell'oceano sconfinato della verità. Qui si mostra evidente il confine tra la ragione e la fede, ma diventa anche chiaro lo spazio in cui ambedue si possono incontrare" (§ 23). Di fronte a questa relazione circolare, sorge spontaneo il bisogno di verificare come oggi essa si possa articolare effettivamente. Da un'analisi ampia e nello stesso tempo sintetica circa l'attuale rapporto esistente tra fede e ragione, si può constatare "una progressiva separazione tra la fede e la ragione filosofica" (§ 48).

Questa separazione, che si afferma sempre nel paragrafo 48, non è da interpretare univocamente come negativa, in quanto alcune riflessioni che nel loro percorso "contribuiscono ad allargare la distanza tra fede e ragione", proseguendo intercettano "talvolta germi preziosi di pensiero, che, se approfonditi e sviluppati con rettitudine di mente e di cuore, possono far scoprire il cammino della verità". Al contrario, quello che sicuramente potrà nuocere alla ricerca della verità, sarà una ragione debole, discretamente diffusa nel mondo di oggi, che, secondo alcuni filosofi, sta vivendo in sé le conseguenze della "fine della metafisica". L'altro polo del discorso non è purtroppo da meno in alcune espressioni culturali odierne: la fede infatti rischia di fermarsi ad un'esperienza personale individuale, così da chiudersi in piccoli gruppi, nella migliore delle ipotesi. Rapportando i due poli, emerge ancor più chiaramente che uno non può beneficiare della crisi dell'altro, al contrario risente esso stesso delle difficoltà dell'altro. In specifico, al paragrafo 48 si afferma che "la fede, dinanzi a una ragione debole ... cade nel grave pericolo di essere ridotta a mito o superstizione. Alla stessa stregua, una ragione che non abbia come interlocutrice una fede adulta, non è provocata a puntare lo sguardo sulla novità e radicalità dell'essere". In questo contesto, San Giovanni Paolo II ribadisce l'opportunità manifesta del suo richiamo affinché "la fede e la filosofia recuperino l'unità profonda che le rende capaci di essere coerenti con la loro natura nel rispetto della reciproca autonomia". Questo auspicio viene quindi sintetizzato nell'enunciato che chiude il quarto capitolo dell'enciclica, dedicato appunto alla riflessione circa il rapporto tra fede e ragione. L'affermazione, di valore programmatico, suona così: "Alla *parresia* della fede deve corrispondere l'audacia della ragione" (§ 48). Questa frase così densa richiede attenzione per poter scoprire quali atteggiamenti delle riflessioni in corso possano favorire la circolarità necessaria per la loro riuscita.[36] Sono due i termini che qualificano rispettivamente l'azione della fede e quella della ragione: "parresia" e "audacia". La parresia, di sapore biblico, vuole indicare la determinazione e la limpidezza nel discorso con l'altro, una sincerità e una schiettezza che la fede deve assumere, per non vacillare di fronte agli intrighi ingannevoli delle ideologie e alle false credenze. A questa caratteristica della fede, dovrà corrispondere una ragione audace, cioè una ragione che, abbandonata ogni esitazione circa l'accoglienza umile della Rivelazione, sappia affrontare con decisione le difficoltà, essendo consapevole di andare verso la sola Verità che può dar senso ad ogni esistenza umana.

Ora, considerate le caratteristiche necessarie allo sviluppo di un'armoniosa circolarità tra teologia e filosofia, si possono analizzare le relazioni che stanno alla base del rapporto in questione, seguendo il paragrafo 73. Innanzitutto, il punto di partenza della teologia, che è appunto la sua origine permanente, è la Parola di Dio rivelata nella storia. Quest'ultima, affinché possa illuminare il senso della vita d'ogni uomo, dev'essere compresa. Questa debita appropriazione è l'obiettivo proprio che la teologia si pone e che può certamente essere favorito e sviluppato dal filosofare, vale a dire dalla ragione che esercita le sue capacità ordinarie di comprensione. La ragione, muovendosi quindi tra i due poli della Parola di Dio e della sua migliore conoscenza, è indirizzata sul sentiero che conduce alla Verità rivelata e "stimolata ad esplorare vie che da sola non avrebbe nemmeno sospettato di poter percorrere" (§ 73). In questo modo la filosofia esce arricchita dal rapporto di circolarità instauratosi con la teologia nell'orizzonte della Parola di Dio, in quanto la ragione così impegnata scopre nuovi orizzonti.

Dopo aver riflettuto ampiamente sul tipo di rapporto esistente tra filosofia e teologia, sorge spontaneo il desiderio di soffermarsi sulla ricerca di quale sia la figura di ragione che concretamente possa assumere degnamente la fisionomia del ruolo di *ancilla theologiae,* cioè divenire umile collaboratrice autonoma e feconda della teologia, per aiutare l'uomo a camminare più speditamente verso la verità che è la sola che possa renderlo libero.

---

[36] Per questo piccolo approfondimento riprendo l'intervento di Mons. R. FISICHELLA in occasione della presentazione dell'enciclica *Fides et ratio,* tratto da «*L'Osservatore Romano*» del 16 Ottobre 1998.

3.4 QUALE "RAGIONE"?[37]

Prendendo spunto dalla frequente ricorrenza del termine "ragione/ratio" nel testo dell'enciclica (162 volte), è opportuno analizzare i vari significati che esso assume di volta in volta. In riferimento ai destinatari primi dell'enciclica, si afferma al paragrafo 50: " ... noi vescovi abbiamo il compito di essere "testimoni della verità" nell'adempimento di una diaconia umile ma tenace, quale ogni filosofo dovrebbe apprezzare, a vantaggio della *retta ratio,* ossia della ragione che riflette correttamente sul vero". Si pone al centro la diaconia della *retta ratio* che riguarda l'istanza fondamentale della vocazione al senso, cioè della domanda metafisica che si affaccia nell'autocoscienza dell'uomo. Una ragione "rettificata" è quella che mantiene l'apertura alla totalità dell'essere, che è capace di "interrogarsi sul perché delle cose" (§ 3), di compiere il continuo passaggio dal contingente all'infinito (cfr. § 23). Questa capacità non è solo "in potenza", ma è anche *in fieri* per il fatto che la ragione non è solamente "per sua natura orientata alla verità", ma è pure "in se stessa fornita dei mezzi necessari per raggiungerla" (§ 49).

Questa strumentazione adeguata della ragione, nel contesto odierno è purtroppo privata della concezione di apertura all'intero e al trascendente che dovrebbe stare alla base. Il processo di separazione, iniziato dal medioevo, trova così nel Novecento il suo esito più esplicito nella rottura del rapporto aperto tra la ragione e la dimensione del senso dell'esistenza umana, nella cultura occidentale. Contestata la realtà della ragione, oggi è necessario rivalutare in radice le sue possibilità e problematiche in una prospettiva più universale. La ragione è segnata da una "ferita originaria" conseguente alla disobbedienza dell'uomo: in questo modo il cammino verso la piena Verità è ostacolato. Nel paragrafo 22 il pontefice sintetizza: "Progressivamente la ragione è rimasta prigioniera di se stessa", ma subito aggiunge: "la venuta di Cristo è stata l'evento di salvezza che ha redento la ragione dalla sua debolezza, liberandola dai ceppi in cui essa stessa si era imprigionata".

Tenendo ben presente questo dato proveniente dalla storia della salvezza, si può scorgere come la retta ragione sia insufficiente sia a preparare, sia ad accogliere l'inedita

[37] *Cfr.* C. MARABELLI, *Semantizzazione della ragione nell'enciclica "Fides et ratio" di Giovanni Paolo II, in Teologia 24* (1999), 320-333.

verità della Rivelazione. È solamente "la Croce che può dare alla ragione la risposta ultima che essa cerca" (§ 23). Riemerge qui la centralità della fede, che, utilizzando le parole di Marabelli, nel rapporto con la ragione "non è prefigurata come destinata all'incomunicabilità, alla reciproca esclusione, ma al completamento e ad un reciproco corroborarsi".[38]

È la fede che svela il senso di ogni cosa e che apre alla comprensione credente l'esistenza di ogni uomo. Come abbiamo già considerato approfonditamente in precedenza, solo grazie alla Rivelazione del mistero, accolta nella libertà della fede, diventa possibile pensare i rapporti tra fede e ragione non come estraneità e conflittualità, ma come collaborazione, nella distinzione derivante dall'autonomia.

Ritornando al concetto di ragione utilizzato nell'enciclica, la sua autonomia può essere intesa in due modalità, una negativa, che si qualifica come arrogante rifiuto della Rivelazione, e una "legittima", dove cadono i pregiudizi che impediscono l'accoglienza della Verità rivelata, che è la sola a poter donarle compiutezza di senso. La speculazione razionale può ricevere questa pienezza dalla Parola di Dio solo se corrisponde a tre esigenze che quest'ultima le pone per essere in consonanza: innanzitutto la filosofia deve ritrovare la dimensione sapienziale di ricerca del senso ultimo e globale della vita (cfr. § 81), che è la più profonda ragion d'essere antropologica della ragione stessa. Questo comporta il prendere consapevolezza che l'intelligenza umana, pur nei suoi limiti, possiede la capacità di adeguare la *res,* cioè è *capax veritatis* in quanto è già in sé interessata all'*adaequatio rei et intellectus* (cfr. § 82). La ragione riconosce dunque un'esigenza "metafisica" dalla quale non può prescindere: così questa si sviluppa dalla base, che è la dimensione antropologica del senso, attraverso la verità ontologica, fino a giungere alla verità teologica, cioè ad una teologia di portata metafisica (cfr. § 83). Questa dimensione della teologia non dev'essere data per scontata; infatti, si potrebbe così descrivere l'effetto della sua carenza: "una teologia priva dell'orizzonte metafisico non riuscirebbe ad approdare oltre l'analisi dell'esperienza religiosa e non permetterebbe all'*intellectus fidei* di esprimere con coerenza il valore universale e trascendente della verità rivelata" (§ 83). Entrando nello specifico, la scoperta della dimensione metafisica

[38] *Ibidem,* 325.

è la grande sfida del tempo che viviamo, dove bisogna capacitarsi del passaggio necessario dal fenomeno al fondamento, in una fusione di orizzonti tra la dimensione esistenziale-sapienziale e quella strutturale-ontologica, avendo come riferimento l'incontro della filosofia con la Parola.

3.4.1 PER «UN'ERMENEUTICA APERTA ALL'ISTANZA METAFISICA»[39]

Dopo aver riflettuto sull'importanza dell'istanza metafisica anche nell'ambito teologico, a questo punto della nostra riflessione si rende necessario un approfondimento che faccia comprendere cosa sia questa istanza e come si articoli concretamente nella storia. Innanzitutto, abbiamo la coscienza che il punto di partenza che sta all'origine è la Rivelazione: con essa, Dio si è incarnato, è entrato nella storia; quindi l'interpretazione che si attua necessariamente per essere davvero destinatari della Parola oggi, è un'operazione strutturalmente adatta all'oggetto in questione, in quanto non lo snatura assolutamente (cfr. paragrafo 3.3.2). Esemplificando, un ermeneuta privilegiato delle Scritture è lo stesso Gesù Cristo Risorto, sulla strada di Emmaus (cfr. Lc 24,27). È errata pertanto la contrapposizione che a volte si attua tra la dimensione ontologico-metafisica e quella ermeneutica della fede, in quanto questa divisione non produce altro che un restringimento e un'alterazione degli spazi della fede stessa e della sua intelligenza ontologica. Per ritrovare esplicitata e tematizzata l'apertura propria della fede alla dimensione metafisica, bisogna considerare l'opera dei Padri, nella quale riscontriamo anche una feconda triangolazione di fede, ermeneutica e metafisica. Questo felice rapporto è purtroppo venuto meno fino a sfociare nell'esito presente della scissione tipicamente moderna tra un versante metafisico-oggettivo dogmatico *e* uno storico-soggettivo di discernimento spirituale. Nell'enciclica *Fides et ratio* si pone particolare attenzione a livello epistemologico circa la *fides quae,* cioè alla fede implicante che "con il suo linguaggio storico e circoscritto, l'uomo possa esprimere verità che trascendono l'evento linguistico" (§ 95). Il rischio che si staglia nella dinamica di rimando da un'interpretazione ad un'altra (cfr. § 84) può sfociare in una dissoluzione storicista della fede. È dunque necessario che si applichi in una prospettiva credente "un'ermeneutica

---

[39] *Cfr. F.* BOTTURI, *«Per un'ermeneutica aperta all'istanza metafisica», in* G. SGUBBI - P. CODA, *Il risveglio della ragione,* Città Nuova, Roma 2000, 113-135.

aperta all'istanza metafisica che possa mostrare come, dalle circostanze storiche e contingenti in cui i testi sono maturati, si compia il passaggio alla verità da essi espressa, che va oltre questi condizionamenti" (§ 95). Il problema vagliato con un taglio filosofico si colloca nel "rapporto che intercorre tra il fatto e il suo significato; rapporto che costituisce il senso specifico della storia" (§ 94).[40]

[40] È opportuno addentrarci nella comprensione critica di quale sia lo statuto della verità ermeneutica così da poter comprendere se un'eventuale istanza metafisica appartenga intrinsecamente ad essa. Per compiere questo percorso considero brevemente le dottrine paradigmatiche di due padri dell'ermeneutica contemporanea come L. Pareyson e H. Gadamer. Pareyson, trattando il tema della verità dell'interpretazione, mostra come il rapporto interpretativo sia l'unico che possa unire verità e storia senza ridurre l'una all'altra o sacrificare l'una per l'altra. È la coimplicazione di essere e persona, cioè la solidarietà originaria presente tra persona e verità che definisce la modalità della relazione come interpretazione. Così nel rapporto interpretativo è la persona, che è posta al centro a motivo della sua costitutiva apertura ontologica, che rende compresenti in armonia il principio di distinzione e quello di comunicazione esistenti tra verità e storicità. In un gioco di parole, l'obiettivo di Pareyson è quello di eliminare la deriva relativistica dell'ermeneutica, in quanto la verità si dà sempre in una interpretazione, dove bisogna tener presente che quest'ultima riguarda sempre e solamente la verità. Il relativismo è in questo modo superato all'origine in quanto si comprende che "nell'interpretazione l'aspetto rivelativo è inseparabile dall'aspetto storico" (L. PAREYSON, *Verità e interpretazione,* Milano 1971, 45.). Bisogna però focalizzare il punto delicato di questa costruzione, cioè l'idea che "il rapporto interpretativo tra la verità e la sua formulazione è insieme di identità e di ulteriorità, in perfetto equilibrio"*(ibidem).* Il crinale consta nell'esplicitazione dello statuto dell'"ulteriorità" veritativa, in quanto questo significa da una parte che la verità non si pone al di là dell'interpretazione, perché, per Pareyson, la verità non esiste in forma oggettiva, e insieme, dall'altra parte, vuole significare che la verità di ciò che è interpretato non si può delimitare nella singola operazione ermeneutica: ecco l'"ulteriorità". Affermato così il principio della natura interpretativa del conoscere come tale, che tiene conto della finitezza ontologica della conoscenza umana, emerge però il problema generato dalla forte affermazione dell'assenza di una forma oggettiva della verità, che porterebbe alla riduzione di quest'ultima ad interpretazioni frutto di interpretazioni. Una via di soluzione si potrebbe individuare tenendo presente che la realtà può essere debordante nei confronti delle apprensioni che possiedo. Questo può avvenire solamente se si considera l'autotrascendenza interna propria del giudizio grazie alla sua predicazione ontologica, così da affermare insieme la sua determinatezza e la sua ulteriorità. Questo aspetto, che non è distinto da Pareyson, può essere messo in luce evidenziando come la verità sia operante rispettivamente a due livelli nel giudizio interpretativo: a livello categoriale, dove si può riscontrare una maggiore o minore «verità dell'interpretazione» e a livello trascendentale, dove l'interpretazione è considerata sempre «interpretazione della verità» come manifestazione dell'essere. Questi due livelli veritativi sono intrinsecamente congiunti e compresenti, in quanto, "senza la capacità affermativa non vi sarebbe nessuna sintesi storico-interpretativa; mentre senza la categorialità ermeneuticamente rilevante non vi sarebbe alcuna manifestazione di senso" (F. BOTTURI, *Per «un'ermeneutica aperta all'istanza metafisica»,* in G. SGUBBI - P. CODA, *Il risveglio della ragione,* Città Nuova, Roma 2000, 123).
A differenza di Pareyson, Gadamer propone una lettura dell'ermeneutica che eredita una visione originata dalla "svolta linguistica", dove il linguaggio è posto al centro, in quanto è solo in esso che ciò che viene espresso riceve la propria determinazione. Per Gadamer, la struttura dell'esperienza ermeneutica è dunque fondata nell'evento del linguaggio, che precede sempre il singolo atto linguistico:

c'è un'appartenenza linguistica previa per cui l'atto interpretativo si inserisce sempre in una «storia degli effetti», frutto di una tradizione storico-linguistica. Dall'altra parte, l'atto ermeneutico interviene esso stesso in questa tradizione modificandola. Analizzando la visione gadameriana della dinamica ermeneutica, in sede critica emerge la contraddittorietà interna alla teoria della «storia degli effetti» perché da un lato la coscienza ermeneutica è pressoché predeterminata dalla catena di interpretazioni storiche nelle quali si trova inserita, mentre dall'altro, per poter modificare questa tradizione, la singola interpretazione deve valere in modo assoluto, così da imporre la propria visione avente una valenza estrinseca e contemporaneamente totalizzante. Queste due considerazioni sono difficilmente concordabili. Gadamer riesce però a salvaguardare la dimensione trascendentale inserendo nella dinamica della comprensione la necessità della fusione degli orizzonti, riconoscendo inoltre un certo primato del pensiero sul linguaggio. Resta comunque impensata da Gadamer l'articolazione della libertà nell'esperienza ermeneutica della ragione rispetto all'ambito del linguaggio nei confronti del suo inserimento nella tradizione linguistica. Questo non vuole sminuire il recupero del senso della trascendentalità del comprendere, che Gadamer svolge avvalendosi di tre strutture ermeneutiche. Anzitutto la struttura del domandare, in quanto colui che vuole comprendere deve risalire con la domanda al di là del detto per assumerlo e così avere una comprensione più piena. In secondo luogo, Gadamer sottolinea il «presupposto della perfezione» in quanto ogni comprensione è caratterizzata da un'anticipazione di una "coerenza perfetta" che avviene grazie ad una proiezione di natura formale. Una terza condizione strutturale del comprendere, apriorica come le altre due, consiste nella circolarità di parte e tutto, in quanto in ogni atto di comprensione è implicata la totalità di senso. In queste tre strutture ermeneutiche, originariamente costitutive del discorso, è possibile recuperare il senso della trascendentalità intrinseco al comprendere. Con uno sguardo più analitico, si può analizzare come si articola questa dimensione fondamentale dell'ermeneutica. Innanzitutto è chiaramente riscontrabile un'intrinseca connessione tra ermeneutica storica e ontologia metafisica, perché la trascendentalità caratteristica dell'essere la troviamo nel linguaggio espresso come anticipazione ideale di senso, di cui parla Gadamer, in quanto è la condizione apriorica interna al prodursi della stessa conoscenza ermeneutica. Riprendendo le tre strutture ermeneutiche, la capacità di domanda insieme a quella di affermazione della verità suggerite da Gadamer, congiunte al giudizio proposto da Pareyson come affermazione d'essere, aprono l'ermeneutica ad un orizzonte ontologico. La trascendentalità interna dell'essere è l'unico orizzonte nel quale si possono valutare a pieno il ruolo del soggetto e dell'oggetto chiamati in causa nell'atto dell'interpretazione. Il pensiero dell'essere va oltre il linguaggio, ma non basta trascurare che quest'ultimo è esso stesso portatore di un orizzonte trascendente: in sintesi, "ogni affermazione è ontologicamente fondata ed ogni ontologia è linguisticamente determinata" *(Ibidem,* 134).

Tornando alla domanda iniziale, che ha portato allo sviluppo di questo discorso, si deve osservare la necessità di una sua riformulazione: non è un'opzione dell'ermeneutica l'essere aperta all'istanza metafisica, ma, al contrario, è la metafisica che è intrinsecamente presente nel pensiero e nel linguaggio che origina il processo ermeneutico. L'arte interpretativa può in questo modo prendere coscienza della precedenza propria delle condizioni ontologiche meta-ermeneutiche, in modo tale da tematizzarle nell'ontologia filosofica. Questa riflessione della filosofia, che vuole comprendere le verità universali e assolute raggiunte dalla mente umana, dovrà aprirsi ad una trascendenza che va oltre quella fondativa, frutto della circolarità di ermeneutica e ontologia, perché dovrà adeguarsi allo statuto veritativo eterno della Rivelazione.

3.4.2 IL CONCETTO DI VERITÀ NELLA VISIONE PROPOSTA DALL'ENCICLICA

Dopo questo accenno relativo alla ricchezza metafisica costitutiva dell'ermeneutica[41], ora ritengo opportuno intraprendere una riflessione riguardante l'impostazione della nozione di verità nella *Fides et ratio.* Si è già detto che il riferimento centrale dell'enciclica è opportunamente la Verità rivelata a tutti gli uomini. Il credente, avendo la missione di vivere secondo questa Rivelazione, annunciando la Buona Novella all'uomo di qualsiasi cultura ed epoca, deve poter rivolgersi a tutti. Ecco la necessità di poter condividere con gli altri uomini una concezione di verità che permetta un'accoglienza viva della Rivelazione. Nell'enciclica, l'aspetto razionale è inserito in una prospettiva conoscitiva non asettica, ma fiduciosa, amicale, appassionata. "Anche la ragione ha bisogno di essere sostenuta nella sua ricerca da un dialogo fiducioso e da un'amicizia sincera. Il clima di sospetto e di diffidenza, che a volte circonda la ricerca speculativa, dimentica l'insegnamento dei filosofi antichi, i quali ponevano l'amicizia come uno dei contesti più adeguati per il retto filosofare" (§ 33). La riflessione filosofica assume così la caratteristica esistenziale posta al centro nella *Fides et ratio:* l'uomo è per natura orientato alla conoscenza, quindi alla conoscenza del vero in quanto non tende volontariamente al falso; al contrario si qualifica come "colui che cerca la verità" (§ 28). È importante rilevare che con questa riflessione si sottolinea la precedenza ontologica rispetto all'uomo, quella della verità sulla libertà. In questo modo, la circolarità fra *intelligere* e *credere* si articola armonicamente nell'orizzonte dell'incontro atteso e fecondo tra una filosofia aperta come compito umano e il pensiero credente suscitato dalla fede. In questa prospettiva, la questione della verità razionale e quella del mistero cristiano si richiamano in un intreccio difficilmente separabile, dove la Rivelazione conferisce alla ragione umana un ampliamento di orizzonte non indifferente. Bisogna però tener presente che l'evento cristiano veicola una particolare idea di verità come evento universale concreto, che deve fare i conti con l'attuale concezione della verità. In effetti, l'evento dell'Incarnazione viene dissolto nella frattura esistente tra la storicità, che viene considerata come costituita da momenti contingenti,

[41] Reciprocamente, non bisogna trascurare l'altro versante della relazione, cioè il debito che la filosofia possiede nei confronti dell'attitudine ermeneutica.

quindi irrilevanti (equazione inopportuna, caratteristica della concezione postmoderna della storia), e il concetto che è verità atemporale. Incontra difficoltà anche la visione del mistero che rimane vittima del razionalismo, che lo riduce a qualcosa di assurdo, confinandolo all'opposto di ciò che si confà alla ragione.

Un'altra difficoltà, qualificante la post-modernità in modo ancor più radicale, è la riduzione dell'essere alla realtà di *res extensa,* cioè essa diventa qualcosa di estraneo all'uomo, privo della dimensione «fanica», come anche di quella «teofanica»; così la verità come svelamento viene travisata alla radice. Ogni persona riconosce un solco incolmabile fra sé e l'essere, fra sé e il mondo, che diventa così insignificante poiché non ha nulla da manifestare se non se stesso. Sembra davvero lontanissima la definizione di conoscenza come *adaequatio intellectus et rei.* Eppure, se andiamo alla radice della questione della pura e semplice conoscenza reale, riemerge la necessità di un rapporto fiduciale per giungere alla verità. Se non si condividesse ciò, l'atto stesso dell'*intellectus fidei* perderebbe significato. Il mistero non sta dietro, ma è immanente alla verità. È la meta unica della conoscenza della verità che dissolve l'inadeguata visione di fede e ragione come due vie differenti e parallele. Per comprendere le radici dell'attuale crisi di verità, che impediscono di cogliere l'unitarietà armonica del cammino verso la verità, è necessario concentrare l'attenzione sulla causa principale che è il modello formale e debole di ragione che opera nella temperie culturale odierna. Questa concezione di ragione, inficiata della sua debolezza, non può rapportarsi alla Rivelazione se non sminuendola, in quanto non riesce a cogliere la portata veritativa propria dell'essere e, in particolar modo, dell'evento cristiano. Il cristianesimo viene così sminuito a poco più di un'etica. Nei modelli appena riportati è presente il presupposto comune dello scollamento esistente tra la ragione e il "sapere": oggi lo sbilanciamento verificabile tra una mole di conoscenze troppo vasta e una ragione troppo debole per continuare a dominarla, rivela la necessità della riscoperta dell'aspetto sapienziale del conoscere. In questa direzione, San Giovanni Paolo II nella *Fides et ratio* qualifica l`epoca della post-modernità come il tempo della progettazione e non della miope conservazione. Una linea fondamentale per questa revisione radicale è la rimozione "di un'idea limitata e problematica di sapere, inteso soltanto come competenza tecnica, funzionale, come un'abilità a scopo utile, che spesso nella scuola e nella cultura pare divenuto l'unico paradigma del concetto di sapere, a danno dell'aspetto sapienziale che resta basilare".[42] È quindi più che auspicabile un recupero di questo aspetto fondamentale, che è la via privilegiata per risolvere due problematiche caratteristiche della cultura odierna, cioè la frammentarietà del sapere e la crisi del senso, così da giungere ad una visione unitaria delle cose conosciute.

Il discorso sulla verità proposto nella *Fides et ratio* può essere sintetizzato ricorrendo a tre livelli: il livello epistemologico, riguardante il rapporto tra significato e verità; quello ontologico, che interessa il ritorno dal fenomeno al fondamento; il livello antropologico, che richiama la centralità della dimensione sapienziale nell'uomo, che apre all'intenzionalità metafisica. La questione del senso emerge in questi tre livelli che ora consideriamo molto brevemente. Circa il livello epistemologico, è fondamentale la sete di senso presente nel cuore dell'uomo (§ 1). In questo cammino, la Chiesa, nella sua singolare "diaconia alla verità" (§ 2), è consapevole che "ogni verità raggiunta è sempre e solo una tappa verso quella piena verità che si manifesterà nella rivelazione ultima di Dio" (§ 2). Così la comunità credente sposa le attese proprie di ogni uomo e in particolare la riflessione a questo riguardo della filosofia che "contribuisce direttamente a porre la domanda circa il senso della vita e ad abbozzarne la risposta" (§ 3). L'enciclica del resto non trascura l'effettività del clima presente nel pensiero contemporaneo, dove si riscontra una storica divaricazione tra una razionalità ermeneutica e una ragione chiusa in uno schema precostituito, frattura che evidenzia la difficile saldatura fra significato e verità, caratteristica della temperie culturale odierna. Questa problematica epistemologica non è solo enucleata, ma a questo riguardo viene proposta una via di soluzione nell'indicare il prezioso apporto dell'intrinseca presenza della metafisica nell'ermeneutica. Questa proposta è già stata considerata nel paragrafo precedente della nostra riflessione, però dev'essere meglio compresa entrando nel merito del livello ontologico proposto dall'enciclica. La significanza del mondo come cosmo implica che l'esistenza umana non possa limitarsi ad una presenza disorientata, passiva, ma si veda autenticamente legittimata a scorgere come emergente dalla realtà un senso che offre all'uomo un riferimento vitale. Bisogna però ribadire che, nella temperie culturale nella

---

[42] V. POSSENTI, *Verità e pensiero credente, in* G. SGUBBI - P. CODA, *Il risveglio della ragione,* Città Nuova, Roma 2000, 79.

quale oggi viviamo, questa intenzionalità ontologica disponibile nel mondo non è adeguatamente considerata dall'uomo, che si scopre così privato di ogni coordinata esistenziale. In questa situazione non si può più riconoscere una dinamica circolare tra natura e cultura, ma è presente, tra queste due realtà coimplicate, una divaricazione: il mondo è chiuso in un paradigma olistico, mentre la ricerca di verità, che dovrebbe caratterizzare l'esistenza di ogni uomo, viene ridotta ad un'opzione marginale, riservata ad un'élite ristretta.

Consapevole di vivere in tale scenario, *Fides et ratio* invita ad un impegno riflessivo maggiore circa la "dimensione sapienziale di ricerca del senso ultimo e globale della vita" (§ 81), certa che questo cammino dell'uomo verso l'accoglienza di una verità che dia senso all'esistenza può veramente giungere ad un approdo adeguato, senza il timore di sfociare in una frustrante delusione. "Questa circolarità di fondo fra intenzionalità veritativa e dimensione sapienziale è indubbiamente uno degli aspetti più originali e caratterizzanti dell'enciclica; è su questa base che viene quindi riconosciuto alla ricerca umana un fondamentale andamento dialogico, capace di far incontrare filosofia e teologia".[43] La Parola di Dio "invita la filosofia ad impegnarsi nella ricerca del fondamento naturale di questo senso" (§ 81). Infatti è la Rivelazione che, apportando una verità trascendente e salvifica, immette nella nostra storia il riferimento "che provoca la mente dell'uomo a non fermarsi mai" (§ 14). L'impegno filosofico si traduce così nella fedeltà alla parola rivelata. Questo ci porta a considerare il livello antropologico, che è non solo il punto di partenza, ma anche il punto d'incontro dei due già considerati.

3.4.3 LA VERITÀ COME EVENTO, LUOGO DI LIBERTÀ

Nel livello che prendiamo ora in considerazione, la dimensione sapienziale metafisica è la base portante per il cammino di ogni uomo verso la verità. Nel paragrafo 83 si auspica una filosofia "di portata autenticamente metafisica" in quanto "ovunque l'uomo scopre la presenza di un richiamo all'assoluto e al trascendente, lì gli si apre uno

---

[43] L. ALICI, *La filosofia tra carità e sapienza,in Fides et ratio. Lettera enciclica di Giovanni Paolo II. Testo e commento a cura di R. FISICHELLA,* San Paolo, Cinisello Balsamo 1999, 252.

spiraglio verso la dimensione metafisica del reale: nella verità, nella bellezza, nei valori morali, nella persona altrui, nell'essere stesso, in Dio" (§ 83). L'enciclica punta a sottolineare due osservazioni irrinunciabili, cioè la disponibilità a riconoscere la verità come presente ed insieme trascendente il fattuale e l'empirico, affermando inoltre la capacità umana circa la "conoscenza di questa dimensione trascendente e metafisica in modo vero e certo, benché imperfetto e analogico." Infatti la persona "costituisce un ambito privilegiato per l'incontro con l'essere e, dunque, con la riflessione metafisica" (§ 83). In altre parole, l'uomo vive un rapporto vitale e atematico con la verità, che è il motore originante la ricerca affidata alle competenze della ragione naturale. Il credente, cosciente che l'orientamento della conoscenza umana alla sapienza è dono di Dio, non tralascia però di valorizzare la sapienza filosofica, che si fonda sulle risorse dell'intelletto, e quella teologica, basata sulla Rivelazione (§ 44), che a sua volta si pone come punto d'incontro fra il pensiero filosofico e quello teologico (§ 79).

In *Fides et ratio* si può affermare che si rinnova il vigore dell'*itinerarium mentis in Deum,* dove Dio è insieme verità e causa di ogni verità. Nel riqualificare il pensare dell'uomo circa il vero, non si può separare filosofia e metafisica, in quanto, riprendendo sant'Anselmo, l'*intelligere* è atto profondamente umano, che troverà compimento solo nella contemplazione della Verità piena, cioè nella pienezza della visione beatifica, per cui l'intelligenza connessa alla fede è tipicamente metafisica nella tensione verso l'anticipazione della visione. L'orizzonte unitario conferma così l'adeguazione all'originaria "unità della verità, naturale e rivelata, che trova la sua identificazione viva e personale in Cristo, così come ricorda l'apostolo: *"La verità che è in Gesù" (Ef 4,21).* Egli è la Parola eterna, in cui tutto è stato creato, ed è insieme la Parola incarnata, che in tutta la sua persona rivela il Padre" (§ 34). Riprendendo il passo giovanneo del processo di Pilato a Gesù (cfr. *Gv 18,38),* la verità, riconoscendo la centralità della Rivelazione in quanto autocomunicazione di Dio nel Verbo, non può che essere Cristo stesso. Di conseguenza, il conoscere la verità implica un movimento di risposta che non è affatto superfluo, ma, conformemente alla natura della Rivelazione di Dio che è per l'uomo, rispettosa della sua decisione, incide profondamente sulla realizzazione o meno di tale istanza veritativa: è la libertà dell'uomo di potersi adeguare o, ancora meglio, conformare a Cristo. Questa visione viene elaborata in *Fides et ratio* approfondendo il concetto di verità riferendosi alla costituzione *Dei Verbum* del Concilio Vaticano II. Alla base di quest'ultima, circa la concezione della verità, si trova il mistero di Gesù Cristo. Ne deriva un'implicazione per nulla irrilevante: da una "idea di verità astratta si passa all'idea di una verità il più possibile concreta: l'idea cioè della verità personale, apparsa nella storia, operante nella storia e, dal seno stesso della storia, capace di sorreggere tutta la storia; è l'idea di questa verità in persona che è Gesù di Nazaret, pienezza della Rivelazione"[44]. Quest'idea di verità, ripresa e rilanciata da *Fides et ratio,* si qualifica come evenemenziale: è nell'evento storico dell'Incarnazione che l'uomo trova il fondamento per rispondere alla domanda di senso che lo pervade. La categoria di evento ricorre nove volte nel testo dell'enciclica: questo testimonia la sua adeguatezza teologica per introdurre l'Incarnazione di Gesù Cristo, che è la pienezza della Rivelazione, come avvenimento storico (cfr. § 9), salvifico (cfr. § 94) ed universale (cfr. § 92). Prima di illustrare brevemente queste tre dimensioni, è opportuno tematizzare la valenza filosofica della categoria di evento, che abbiamo considerato come aspetto centrale circa la determinazione effettiva del fondamento dell'apertura dell'uomo all'assoluto, nel paragrafo riguardante la struttura ontologica della Rivelazione cristiana. In questa categoria, infatti, la dualità finito-infinito viene risolta in modo mirabile. "La verità espressa nella Rivelazione di Cristo non è rinchiusa in un ristretto ambito territoriale e culturale, ma si apre a ogni uomo e donna che voglia accoglierla come parola definitivamente valida per dare senso all'esistenza" (§ 12). Nell'evento che è Gesù Cristo sono individuabili tre aspetti fondamentali. Innanzitutto la definitività dell'evento, nel quale la verità è stata offerta all'uomo una volta per tutte: questo esclude in radice l'apertura ad una rivelazione ulteriore. Dall'altra parte, questo evento è disponibile all'uomo di ogni tempo nei termini di incontro con esso (cfr. § 32): da questa osservazione si deve derivare la continua presenza di questa realtà che diventa contemporaneità della Rivelazione.

Una seconda valenza che emerge circa l'evento cristico è la sua universalità (cfr. § 92): all'obiezione di Lessing si può rispondere che "il mistero dell'Incarnazione resterà sempre il centro a cui riferirsi per poter comprendere l'enigma dell'esistenza umana, del

[44] *Cfr.* H. DE LUBAC, *La Rivelazione divina e il senso dell'uomo: Opera omnia t. 14*, Milano 1985, 49.

mondo creato e di Dio stesso" (§ 80), con la consapevolezza delle ragioni già addotte nell'approfondimento della valenza *filosofica* della categoria di evento.

Il terzo carattere che emerge dall'enciclica circa l'evento è quello della valenza salvifica della verità che accade nella storia. Questo aspetto è collegato alla contemporaneità della Verità di Cristo ad ogni uomo di ogni tempo. La fonte della salvezza consiste nell'Amore originario frutto della comunicazione misericordiosa della Trinità, della quale Cristo è la Rivelazione. Queste sono le tre valenze implicate nell'evento. Dalla riflessione emergono importanti sfumature, quali il carattere conoscitivo della fede e quello critico della ragione teologica, dove "la *scientia fidei* (cfr. § 65, 66) costituisce il sapere sistematico e critico della fede costruito grazie al medio della ragione teologica".[45]

Il cercare di cogliere la verità nella sua articolata natura universale, storica e salvifica è finalizzato all'accettazione della sfida lanciata dal dramma umano: la vera questione che sta al centro dell'enciclica è la ricerca da parte dell'uomo della fonte di una "conoscenza vera e coerente" (§ 33) in cui sia "custodita la risposta appagante per ogni questione ancora irrisolta" (§ 17). Questo è ben sintetizzato nel paragrafo 33: "In Gesù Cristo, che è la Verità, la fede riconosce l'ultimo appello che viene rivolto all'umanità, perché possa dare compimento a ciò che sperimenta come desiderio e nostalgia". In *Fides et ratio* si possono così estrapolare alcuni tratti che delineano una precisa antropologia. Un primo tratto viene ripreso dalla *Redemptor hominis* (cfr. RH 19), dove, richiamando gli interrogativi tragici del dolore, della sofferenza e della morte, l'enigma dell'uomo, che deriva dal non avere in sé il proprio fondamento, cammina sul crinale del dramma, in modo tale da essere pungolo costante nella ricerca della verità. Quest'ultima, riprendendo *Gaudium et spes,* possiede una natura essenzialmente cristocentrica: l'uomo può percepire nella quotidianità della sua esistenza un forte desiderio di senso che può essere saziato pienamente solo riferendosi a Gesù Cristo. È Lui che, proponendosi come pienezza dell'umano, provoca la libertà alla sua massima realizzazione che è la fede, così da suscitare la sequela, che può rappresentare un modo di vivere caratterizzante ogni uomo. Cristo, che è la Verità, rivela il fondamento e, nello stesso tempo, la via che

---

[45] A. SCOLA, *Libertà umana e verità a partire dall'enciclica "Fides et ratio"*, in *Fides et ratio. Lettera enciclica di Giovanni Paolo II. Testo e commento teologico pastorale a cura di R. Fisichella,* San Paolo, Cinisello Balsamo 1999, 238.

conduce ad esso: questa apertura, indicando l'unica direzione percorribile per accedere all'origine del senso pieno, indica per grazia la via d'uscita dell'enigma dell'uomo. Osserviamo così introdotto il terzo tratto distintivo dell'antropologia emergente dall'enciclica: usando l'espressione di H. U. von Balthasar: "Gesù Cristo scioglie l'enigma dell'uomo, ma non ne predecide il dramma".[46] Questo sottolinea nel rapporto verità-libertà (cfr. § 90) l'importanza della libera decisione dell'uomo: "Solo in questo orizzonte veritativo comprenderà il pieno esplicitarsi della sua libertà e la sua chiamata all'amore e alla conoscenza [...] come attuazione suprema di sé" (§ 107). Finché non mette in atto una risposta concreta all'interpellanza rivoltagli dalla Verità incarnata in Gesù, l'uomo non potrà affermare validamente di aver accolto una libertà "liberata" (cfr. Gv 8,32: "*... conoscerete la verità e la verità vi farà liberi").* Infatti è solo in Gesù che ogni libertà può essere generatrice di una scelta consapevole, perché ha potuto orientarsi grazie al riferimento cardine che è l'evento della Rivelazione. Concretamente, l'autenticità di questa risposta attuale è resa possibile e garantita dall'inserimento nella mediazione sacramentale. Emerge qui il rinvio all'ecclesiologia operato dall'enciclica: l'atto radicale della libertà umana, che testimonia quindi la fede, non avviene in un ambito solitario, ma in un contesto ecclesiale, che si attesta nel sacramento (cfr. § 13).

In sintesi, è solo considerando l'attenzione che *Fides et ratio* rivolge alla capacità dell'uomo di accedere al fondamento veritativo, anche nella temperie esistenziale e culturale odierna, e di rispondervi implicando la propria libertà, che si può percepire l'enciclica come indice di un nuovo inizio, quale essa veramente vuol essere.

---

[46] H.U. VON BALTHASAR, *Teodrammatica,* cit. in N. REALI, *La ragione e la forma. Il sacramento nella teologia di Hans Urs von Balthasar,* manoscritto in pubblicazione, in *ibidem,* 241.

4. QUALE "FILOSOFIA" PUÒ VIVERE BENEFICANDO ED ESSENDO BENEFICATA DALLA TEOLOGIA?

4.1 PER UN'ANALISI DELLA FIGURA DI FILOSOFIA SECONDO L'INTENZIONE DI *FIDES ET RATIO*

4.1.1 L'ISTANZA VERITATIVA E LA RIFLESSIONE METAFISICA[47]

Avendo scandagliato in profondità quale concezione di verità l'enciclica ritenga particolarmente adatta all'esistenza dell'uomo d'oggi, in modo tale che abbia un punto di riferimento valido per orientare la sua vita, possiamo ora tratteggiare in modo più consapevole quale figura di filosofia possa, secondo *Fides et ratio,* accogliere e comunicare criticamente questa istanza veritativa universale.

Considerato che il nostro discorso si colloca in una temperie culturale ben precisa, non possiamo dunque prescindere dal riferirci brevemente ad essa, in modo tale da comprendere come possa inserirsi apportando una concezione che esprima adeguatamente il nuovo inizio che *Fides et ratio* vuole favorire. Ciò che caratterizza in modo particolare la cultura propria rispettivamente di ogni epoca della storia è il suo specifico atteggiamento verso la verità. Non è infatti irrilevante il condizionamento che la temperie culturale rivolge al singolo, che è chiamato continuamente a rinnovare una scelta esistenziale, dove questa influenza non diventi preclusione della sua libertà e responsabilità, in quanto "ogni uomo è insieme figlio e padre della cultura in cui è immerso" (§ 71). Per questo motivo, si rende necessaria un'analisi sintetica della temperie culturale contemporanea, così da non ipotizzare un'irreale contesto asettico nel quale l'uomo teoricamente possa rapportarsi alla verità. Come abbiamo già in parte visto, la situazione contemporanea rivela una crisi riguardante l'istanza veritativa. Questa condizione è conseguente all'accentuazione del primato dei mezzi, della ragione

---

[47] Per l'elaborazione di questo paragrafo mi riferisco all'articolo di L. CLAVELL, *L'istanza veritativa e la riflessione metafisica,* in *Fides et ratio. Lettera enciclica di Giovanni Paolo II,* Testo e commento a cura di R. Fisichella, San Paolo, Cinisello Balsamo 1999, 189-206.

strumentale e della tecnica, sulla conoscenza dei valori, dei fini e dell'essere. In questa direzione rientra anche l'agire politico, dove la democrazia viene sminuita alla richiesta di un relativismo veritativo in vista di una convivenza tollerante. In sintesi, "la verità è il grande assente, e con essa la metafisica, secondo cui la persona è aperta all'essere delle altre persone, umane e divine, e del mondo, e agli aspetti trascendentali dell'essere: l'unità, il vero, il bene e il bello"[48]. Ciò che più fa problema è l'assenza di un riconoscimento cosciente della situazione della quale facciamo parte, in quanto essa viene considerata da molti unilateralmente come l'emergere fenomenologico di un progresso.

Sicuramente questa situazione, originata dalla modernità, che ha condotto al nichilismo postmoderno in cui emerge l'indifferenza verso la verità e quindi rispetto al fondamento ultimo che è Dio, porta in sé anche alcuni aspetti positivi che in questa sede consideriamo sinteticamente. La presa di coscienza di vivere immersi in una storicità non sfocia solamente negli estremi esiti deteriori nell'ambito dell'ermeneutica, dove la verità viene ridotta alle interpretazioni, ma permette pure un'accresciuta attenzione alla storicità che è costitutiva di ogni uomo. Un altro grande guadagno è quello derivante dalla fine dell'epoca del razionalismo e dei grandi sistemi, che non ha portato solamente allo scetticismo o all'irrazionalismo, ma ha favorito un avvicinamento dei filosofi alla realtà vissuta, con il relativo abbandono di forme di intellettualismo e di formalismo, da cui ha avuto origine la possibilità di un'attenzione maggiore alla conoscenza della persona, e quindi alla più generale complementarietà tra fenomenologia e metafisica. Inoltre, una valutazione più adeguata delle scienze ha prodotto una loro purificazione dalla pretesa della conoscenza oggettiva, così da aprirle realisticamente alla considerazione delle opere dell'uomo in una più ampia visione qual è appunto quella metafisica. Ancora, la multiculturalità non ha creato solamente un clima favorevole al relativismo culturale pragmatico, ma per certi versi ha pure spronato ad approfondire la propria identità in modo da distinguere gli aspetti centrali della propria cultura da quelli secondari, così da poter essere protagonisti del dialogo interculturale.

Eppure, dopo aver passato in rassegna questi aspetti positivi rintracciabili nella situazione odierna, concretamente non li vediamo messi in gioco, in quanto emerge una

---

[48] *Ibidem,* 141.

dominante crisi generalizzata circa la verità. In questo modo, la persona umana viene privata dell'apertura costitutiva all'essere. Da questo quadro, la ragione ne esce sminuita e oscurata, in quanto non può far altro che limitarsi al riferimento debole e soggettivo, ad aspetti secondari che essa stessa considera come vero e bene. Questo esito non può essere accettato come definitivo, in quanto l'uomo ha insito come costitutivo di sé il riferimento all'essere e ai trascendentali per poter vivere quale veramente è, cioè persona caratterizzata per essenza da un principio vitale spirituale. Riprendendo le parole dell'enciclica: "La sete di verità è talmente radicata nel cuore dell'uomo che il doverne prescindere comprometterebbe l'esistenza. È sufficiente, insomma, osservare la vita di tutti i giorni per constatare come ciascuno di noi porti in sé l'assillo di alcune domande essenziali ed insieme custodisca nel proprio animo almeno l'abbozzo delle relative risposte" (§ 29). Questa apertura dell'uomo verso la verità viene qualificata da *Fides et ratio* con la fede, intesa come l'assenso credente che si realizza "nell'accoglienza della verità di Dio che si rivela in Gesù Cristo"[49], in quanto permette alla ragione di rinvigorirsi come *retta ratio:* "Riaffermando la verità della fede, possiamo ridare all'uomo del nostro tempo genuina fiducia nelle sue capacità conoscitive e offrire alla filosofia una provocazione perché possa recuperare e sviluppare la sua piena dignità" (§ 6). È infatti proprio l'aiuto della fede che permette al *cogitare* dell'uomo di riscattare la propria dignità lasciandosi purificare da essa, così da eliminare ogni forma di razionalismo, dove viceversa la ragione permette di non scivolare in una deriva di tipo fideistico, assumendo l'istanza critica che gli spetta. La fede si configura quindi non solamente come l'atto del soggetto *des qua creditur,* ma, essendo adesione a Dio Rivelatore, si qualifica intrinsecamente anche come apertura alla verità *des quae creditur,* che trova la sua pienezza e il suo culmine nella Rivelazione cristiana. Quest'ultima infatti permette al cristianesimo di differenziarsi dalle altre religioni, in quanto non richiede il solitario sforzo umano di elevarsi verso Dio, con la conseguente frammentazione nei particolarismi locali, ma possiede il carattere di universalità proprio della verità, così da pretendere giustamente la peculiarità di verità piena ed universale,

[49] J. RATZINGER, *Presentazione dell'enciclica "Fides et ratio"*, in *Fides et ratio. Lettera enciclica di Giovanni Paolo II. Testo e commento teologico pastorale a cura di R. Fisichella,* San Paolo, Cinisello Balsamo 1999, 10.

capace di incarnarsi in ogni cultura per rivelare nuovamente come Dio in Gesù si dona all'uomo (è il delicato e sempre più attuale tema dell'inculturazione).

Per favorire un clima culturale che possa accogliere adeguatamente questo messaggio fondamentale nell'ambito della ricerca di un'istanza veritativa pregnante, bisogna essere consapevoli che non basta limitarsi ad un'analisi esteriore, "oggettivistica" delle relazioni costitutive dell'uomo, ma è necessario rivolgersi ad una figura adeguata di filosofia, che possa cioè aprire la ricerca ad un orizzonte più ampio qual è appunto quello metafisico-sapienziale. È quindi d'obbligo far fronte ad una certa mentalità positivista, che "continua ad accreditare l'illusione che, grazie alle conquiste scientifiche e tecniche, l'uomo, quale demiurgo, possa giungere da solo ad assicurarsi il pieno dominio del suo destino" (§ 91), contrapponendo ad essa una filosofia di tipo sapienziale, che corregga la visione limitata delle scienze umane, inserendola in una visione più ampia dell'uomo, del mondo e di Dio. Solo così è possibile ovviare alla miopia dello scientismo, che confinerebbe la domanda circa il senso della vita "come appartenente al dominio dell'irrazionale o dell'immaginario" (§ 88). Secondo il giudizio di San Giovanni Paolo II, si rende improrogabile specificare ulteriormente la centralità della filosofia sapienziale come "una filosofia di portata autenticamente metafisica, capace cioè di trascendere i dati empirici per giungere, nella sua ricerca della verità, a qualcosa di assoluto, di ultimo, di fondante" (§ 83). Questo atteggiamento esistenziale non è riservato solamente ad un'élite, ma ad ogni persona in quanto "ovunque l'uomo scopre la presenza di un richiamo all'assoluto e al trascendente, gli si apre uno spiraglio verso la dimensione metafisica del reale: nella verità, nella bellezza, nei valori morali, nella persona altrui, nell'essere stesso, in Dio" *(ibidem).* Come se non bastasse, il Santo Padre esprime l'importanza di questa dimensione usando parole forti: "Se tanto insisto sulla componente metafisica, è perché sono convinto che questa è la strada obbligata per superare la situazione di crisi che pervade oggi grandi settori della filosofia e per correggere così alcuni comportamenti erronei diffusi nella nostra società" *(ibidem).* Emerge così il desiderio di una filosofia dell'essere, nel quadro della riflessione metafisica cristiana, che sia in grado di leggere la realtà nelle sue strutture ontologiche, causali e comunicative. La peculiarità di questa filosofia metafisica risiede proprio nel riferimento all'atto d'essere, che trova il suo fondamento originario nella dottrina dell'Aquinate, permettendo un'apertura piena e autentica verso tutta la realtà e, quindi, verso tutto ciò che c'è di vero in ogni riflessione filosofica. In *Fides et ratio,* questa istanza di totale, disponibilità al dialogo è attualizzata riguardo alla "scienza dell'uomo": "la metafisica non va vista in alternativa all'antropologia, giacché è proprio la metafisica che consente di dare fondamento al concetto di dignità della persona in forza della sua condizione spirituale" *(ibidem).* In questo rimando fondamentale dell'antropologia alla metafisica emerge chiaramente la necessità che non ci si fermi alla mera esperienza, ma essa sia considerata nel suo rimando al fondamento. Inoltre, il riferimento della dimensione metafisica alla persona emerge anche nel considerarla come "un ambito privilegiato per l'incontro con l'essere e, dunque, con la riflessione metafisica" *(ibidem).* Nell'enciclica emerge quindi un intreccio armonico tra la teologia, l'etica, l'antropologia e la metafisica: "la teologia morale deve far ricorso a un'etica filosofica rivolta alla verità del bene; a un'etica, dunque, né soggettivista né utilitarista. L'etica richiesta implica e presuppone un'antropologia filosofica e una metafisica del bene" (§ 98). In questa stretta unione emerge la dimensione fondativa della metafisica, che, a sua volta, viene arricchita di legami intrinseci con i differenti ambiti. A questo punto del discorso possiamo riscontrare in modo esplicito come le linee dello stretto rapporto esistente tra la riflessione metafisica e le varie riflessioni che si riferiscono direttamente all'istanza veritativa siano adeguatamente tratteggiate. Ora siamo nella condizione di poter comprendere meglio ciò che abbiamo anticipato nel paragrafo 3.4. La metafisica si pone "come mediazione privilegiata nella ricerca teologica. Una teologia priva dell'orizzonte metafisico non riuscirebbe ad approdare oltre l'analisi dell'esperienza religiosa e non permetterebbe all'*intellectus fidei* di esprimere con coerenza il valore universale e trascendente della verità rivelata" (§ 83).

4.1.2 LA RAGIONE CREDENTE OSTACOLATA[50]

L'enciclica, ponendosi implicitamente come scopo quello di comunicare il rapporto vitale che intercorre tra fede e ragione, non trascura però la crisi epocale che ha investito l'identità della ragione mettendo a rischio anche l'autocomprensione della fede stessa. Per comprendere meglio quali sono in questo contesto gli atteggiamenti che impediscono che la ragione si ponga veramente come capace di credere, passiamo in rassegna quelli che possiamo stigmatizzare come i modelli che sono in agguato come nemici della ragione credente.

a) Ragione credente vs estrinsecismo

"Forte della *competenza* che le deriva *dall'essere depositaria della Rivelazione* di Gesù Cristo, la Chiesa intende riaffermare la necessità della *riflessione sulla verità. [...]* Riaffermando la *verità della fede,* possiamo ridare all'uomo del nostro tempo genuina fiducia nelle sue *capacità conoscitive* e offrire *alla filosofa una provocazione* perché possa recuperare la sua piena dignità" (§ 6, corsivi ripresi da *ibidem).* Queste parole di *Fides et ratio* mi sembrano davvero particolarmente adatte per esprimere la forte attinenza che emerge tra la verità di fede, che si riferisce alla capacità dell'uomo di conoscere la verità, e quindi il suo essere solida provocazione per il sapere filosofico. C'è quindi uno stretto legame tra la verità di fede e la verità che è alla portata della conoscenza umana, dove l'una non si riduce all'altra. Con un'espressione sintetica e "definitoria" possiamo dire a coloro che accusano "la Chiesa" di un'invasione di campo, che il Magistero è abilitato "a parlare di verità, di ragione e di filosofia a partire dalla fede della *(fides quae)* e nella *(fides qua)* Rivelazione di Gesù Cristo"[51]: è proprio questa la provocazione portante dell'enciclica. In realtà, in sede speculativa possiamo considerare che con questa affermazione non si cade in un controsenso, al contrario possiamo constatare addirittura che la fede è un certo modo d'essere della ragione stessa. Questo "modo d'essere" si qualifica come un porsi della ragione "confidente in Altri e

[50] Per l'elaborazione di questo paragrafo e in particolare per i titoli dei sottoparagrafi mi riferisco all'articolo di F. BOTTURI, *La ragione credente e i suoi nemici,* in *Fides et ratio. Lettera enciclica di Giovanni Paolo II. Testo e commento a cura di R. Fisichella,* San Paolo, Cinisello Balsamo 1999, 207 - 222.

[51] *Ibidem,* 209.

affermante la validità universale della sua verità e della sua bontà"[52]. In altre parole, è una ragione che non smarrisce il suo spirito autenticamente critico, ma trova le "ragioni di credenza" proprio affidandosi all'Assoluto in un atto di libera adesione. Viene così meno per la ragione credente il rischio di rimanere vittima di un estrinsecismo, che la ridurrebbe ad altro dalla ragione. Inoltre non bisogna dimenticare (richiamando anche il paragrafo 0.1) che il porre la fede e la ragione come due soggetti interlocutori è solamente frutto "dell'astrazione (analiticamente legittima) di una fede che pone la ragione come oggetto di riflessione davanti a sé o di una ragione (antropologicamente reale) che non ha ancora compreso la sua congenita vocazione alla fede"[53]. Per inciso, non esistono in sé la fede o la ragione, ma l'uomo che crede pensando e pensa credendo.

b) Ragione esigente vs ragione debole, di compromesso

Proseguendo la nostra analisi dei rischi nei quali incorre la ragione, riprendendo il paragrafo 26, con Heidegger possiamo scorgere nell'interrogazione la forma originale della ragione. Il domandare della ragione trova la sua forza nella fiducia che essa nutre verso l'intelligibilità della realtà, che non è fideistica, in quanto possiede alla radice un'accordatura *(Einstimmung)* con l'essere (riprendendo H. U. von Balthasar). Questa vicinanza originaria è descritta al paragrafo 29: "l'uomo non inizierebbe a cercare ciò che ignorasse del tutto o stimasse assolutamente irraggiungibile. Solo la prospettiva di poter arrivare ad una risposta può indurlo a muovere il primo passo." È in questa prospettiva che comprendiamo come la ragione, che si possa qualificare come esigente in quanto autentica, deve vivere in una tensione continua, tra la ricerca instancabile espressa dalla domanda sempre nuova, in una prospettiva trascendente, e il contingente evento della risposta, cioè tra mancanza e soddisfacimento che rimanda oltre. È questa la ragione che crede nella "capacità che l'uomo ha di conoscere la verità" e non si ferma all'accettazione di "verità parziali e provvisorie, senza più tentare di porre domande radicali sul senso e sul fondamento ultimo della vita umana, personale e sociale" (§ 5).

---

[52] *Ibidem,* 210.

[53] *Ibidem,* 216.

c) Ragione polifonica vs ragione monodica

D'innanzi ad una figura di ragione così esigente, in base alla tradizione di pensiero idealista verrebbe quasi naturale identificarla come chiusa, a sé stante. Infatti, anche dopo la caduta del sistema idealista come sistema totalizzante, tuttavia è rimasta come costante del pensiero contemporaneo l'idea che la ragione speculativa sia l'unica autorizzata ad ergersi come organo adeguato della verità. Il pregiudizio idealista che identifica la ragione autentica con la ragione che si vuole *ab-soluta* dà origine di conseguenza all'equivoco che comporta la riduzione della ragione solamente alla sua forma speculativa, per cui corrisponde alla razionalità solamente ciò di cui si può argomentare la fondazione. Eppure, qualora portassimo questa visione razionale alle sue estreme conseguenze, scopriremmo l'impossibilità di un'autofondazione, in quanto, per compiere questo passaggio fondamentale, dovrebbe riconoscere di essere preceduta da un'istanza ad essa esterna, che gli permetterebbe di aprirsi al fondamento che, come tale, non può essere dimostrato speculativamente, ma dev'essere accolto con l'assenso di una ragione polifonica. In questa figura di ragione la forma primaria del sapere è dunque il fenomenologico venir-a-sapere, dove la specificazione speculativa è solamente seconda, per cui quest'ultima non può avere la pretesa di sospendere la primaria forma di conoscenza alla quale fa stretto riferimento. Nel dialogo tra le diverse forme di ragione si crea così una circolarità ermeneutica che apre all'istanza metafisica (cfr. § 95). Ora emerge chiaramente che "la figura complessiva della ragione suggerita dalla fede cristiana include il credito fiduciale come sua forma originale e come sua forma destinale. La credenza non è atteggiamento emozionale, extrarazionale, ma è piuttosto l'archeologia e la teleologia della ragione"[54]. È la Rivelazione stessa che, proponendosi forse come il più significativo esempio di sapere extraspeculativo, richiama la ragione ad un'apertura armonica tra le sue svariate forme affinché sia autentica.

d) Ragione filosofica vs intellettualismo

Considerata quest'unità armonica interna alla ragione, sorge spontanea la questione riguardante come essa possa rapportarsi alle più disparate discipline scientifiche. È la filosofia che dovrebbe svolgere questo prezioso compito che consiste nell'accordare le

---

[54] *Ibidem*, 221.

varie forme di esperienza, colte attraverso la ragione, con le forme culturali della società in cui vive, avendo sempre come obiettivo quello di pensare l'universale dell'esperienza umana tenendo presenti i referenti ontologici e pratici. Per non cadere nel vizio intellettualistico bisogna qui precisare quale relazione intercorra tra ragione e filosofia; infatti, sarebbero travisate le loro intenzionalità qualora si pensassero equivalenti. La filosofia potrebbe essere considerata in modo adeguato solamente qualora fosse apprezzata come rappresentativa dell'istanza irrinunciabile dell'universalità della ragione. Emerge quindi un'originaria differenza epistemologica esistente tra ragione e filosofia, dove quest'ultima detiene il primato sull'altra riguardo ad una visione globale delle varie forme di ragione ed al rapporto con l'area delle discipline scientifiche. Il riconoscimento di questa distinzione permette di non cadere nel vizio dell'intellettualismo che sfocerebbe nel mancato riconoscimento del rispettivo rapporto della filosofia e della ragione con la fede, dove quest'ultima, pur essendo indipendente dalla filosofia, condivide con essa "la dimensione sapienziale di ricerca del senso ultimo e globale della vita" (§ 81), mentre nel rapporto con la ragione la sviluppa in un pensare credente aprendola al suo compimento intrinseco. In sintesi, un equilibrato rapporto della ragione con la filosofia esige rispettivamente il riconoscimento della compresenza delle due istanze dell'eccedenza della prima sulla seconda e della centralità della filosofia circa la funzione veritativa universale nel contesto culturale in cui viviamo.

e) Dinamica dell'evento gratuito vs statica del possesso

Per concludere questa carrellata di visioni riduttive ed errate della ragione, un ultimo elemento, che possiamo valutare come quello forse più radicale contro l'accoglienza della fede cristiana, consiste appunto nel rompere una concezione razionale chiusa, barricata nel possesso di "proprie verità". Per comprendere questo, bisogna tener presente che all'origine del credere "vi è un incontro unico nel suo genere che segna il dischiudersi di un mistero nascosto nei secoli [...], ma ora rivelato" (§ 7). È l'evento della Rivelazione che, in quanto accadimento di grazia, esige di essere accolto come dono. Quest'ultimo può e dev'essere riconosciuto in quanto tale come un bene regalato. Infatti è un beneficio per chi lo riceve, ma la sua utilità non nasconde il carattere gratuito dell'atto del donatore, che manifesta la libertà di quest'ultimo. Riferendoci più direttamente alla Rivelazione, l'attesa di senso viene colmata mirabilmente dal gratuito incarnarsi della Buona Novella. È in questo modo che l'uomo trova la forza di superare la paura di non poter trovare una risposta adeguata alla sua sete radicale, ma la considera a pieno, certo di poterla saziare rivolgendosi alla fonte che gli viene regalata.

Avendo qualificato un po' meglio quali ostacoli incontra la ragione credente, possiamo delineare un bilancio del tipo di rapporto che dovrebbe emergere tra ragione credente e fede. Esso si caratterizza per l'armonico coesistere di continuità e di discontinuità. La continuità è riferita alla comune "passione per la verità ultima", all'interesse per il "senso totale e ultimo della vita" (§ 56), dove si colloca anche il "rapporto tra le verità filosofico-religiose e la verità rivelata in Gesù Cristo" (§ 30). Ma esiste contemporaneamente una discontinuità, che riguarda la "conoscenza di fede" che "non annulla il mistero, solo lo rende più evidente e lo manifesta come fatto essenziale per la vita dell'uomo" (§ 13). Infatti la Rivelazione di Dio in Gesù Cristo è anche una ri-velazione, cioè un lasciare aperto un nuovo legame. Questa prospettiva di continuità e discontinuità può essere percepita più specificamente qualora ci riferissimo al contenuto della fede, cioè alla persona di Gesù Cristo. Come nel rapporto con una persona percepisco chiaramente l'essere in sintonia con essa e, insieme, non posso oggettivare questa relazione, così di fronte al Crocifisso ed al Mistero della comunione trinitaria posso rintracciare il culmine dell'intelligibilità che sfocia nell'inafferrabilità. Questo lo si può comprendere solamente se si guarda al Crocefisso, in un ordine di grazia che mostra l'insufficienza di ogni schema di fronte all'Amore: "il Figlio di Dio Crocifisso è l'evento storico contro cui si infrange ogni tentativo della mente di costruire su argomentazioni soltanto umane una giustificazione sufficiente del senso dell'esistenza" (§ 23).

4.1.3 ORIENTAMENTI PER UNA FILOSOFIA ALLA RICERCA DELLA VERITÀ

Arricchiti dalla consapevolezza delle riduzioni nelle quali la ragione credente potrebbe incorrere, analizziamo ora quali possono essere le coordinate per redigere una proposta il più possibile concreta dell'elaborazione di una filosofia che sia veramente disponibile ad una seria ricerca della verità. Per intraprendere quest'opera non possiamo naturalmente prescindere dal contesto storico nel quale interagiamo, che abbiamo già in parte considerato. Dobbiamo essere consapevoli di essere inseriti in un'epoca di crisi della ragione, che, grazie ad un'opportuna distinzione, si rivela secondo la nostra disamina come una crisi del razionalismo ben lungi da una disfatta della ragione tout court. Questa considerazione ci rivela che la sintomatologia dello stato della ragione non è quindi così negativa in quanto assistiamo al venir meno di una concezione riduttiva di ragione, che a ben vedere si rivelerebbe come dannosa per la salute della ragione stessa. L'aspetto problematico di questo passaggio consiste nell'aver data per scontata l'indebita identificazione della fiducia razionalista nell'autosufficiente autofondazione della sua capacità con la fiducia immanente all'esercizio stesso della ragione fedele alla sua ricerca del vero, per cui la difficoltà della prima è stata proiettata immediatamente sulla seconda. Questo ha portato all'esito sommario che considera la ragione come ormai incapace di andare alla verità, basandosi sull'autonomia esasperata della ragione, che in realtà non è altro che una sterile chiusura alla verità. Concretamente, questa visione della ragione ha portato al suo asservimento scientista, cioè al suo parcellizzarsi nei differenti ambiti delle scienze. Non è difficile in questo scenario cogliere che "la settorialità del sapere, in quanto comporta un approccio alla "verità" con la conseguente frammentazione del senso, impedisce l'unità interiore dell'uomo contemporaneo" (§ 85). D'innanzi a questo panorama, l'enciclica stessa, muovendo da una preoccupazione pastorale più che sistematica, afferma chiaramente la necessità che la Chiesa si metta in gioco in quanto "questo compito sapienziale deriva ai suoi pastori direttamente dal Vangelo ed essi non possono sottrarsi al dovere di perseguirlo" (§ 85). È in questa prospettiva che la riflessione di *Fides et ratio,* autorizzata dall'istanza universale ed eterna della Buona Novella, passa in rassegna dal paragrafo 86 al 91 "gli errori e i conseguenti rischi per l'attività filosofica", quali sono rinvenibili appunto "nell'eclettismo, nello storicismo, nello scientismo, nel pragmatismo e nel nichilismo"[55]. Riferendoci alla concezione culturale propria dell'uomo postmoderno, emerge come egli, più o meno consapevole delle riduzioni passate, non rifiuta però né la religione, né la

[55] Per un'analisi più dettagliata rimando all'articolo di A. STAGLIANÒ, *I no di «Fides et ratio»,* in *Fides et ratio. Lettera enciclica di Giovanni Paolo II. Testo e commento a cura di R. Fisichella,* San Paolo, Cinisello Balsamo 1999, 275-291.

scienza, né la filosofia, ponendole in una contrapposizione reciproca, ma "le considera altrettanti giochi linguistici, nel caleidoscopio pirotecnico di un sapere non più monologico, ma pluralistico e dissipato".[56] La religione in questo scenario corre così il rischio di diventare un ambito in cui il soggetto, percependo un'incapacità di approdare mediante la fede alla verità, costruisce un'ipotetica speranza. Avendo constatato questo esito, San Giovanni Paolo II, in riferimento all'autenticità della fede, richiama tre esigenze che la ragione dovrebbe soddisfare per poter ricostituirsi a pieno, e le espone nei paragrafi 81, 82 e 83 di *Fides et ratio.* Nel paragrafo 81, di fronte alla frammentarietà del sapere "che facilmente sfocia in uno stato di scetticismo e di indifferenza o nelle differenti espressioni del nichilismo", percependo "il grave pericolo di degradare la ragione a funzioni soltanto strumentali", si auspica che "la filosofia ritrovi la sua dimensione sapienziale di ricerca del senso ultimo e globale della vita". Questa prima esigenza, che non a caso "costituisce per la filosofia uno stimolo utilissimo ad adeguarsi alla sua stessa natura", deriva propriamente dall'invito proveniente dalla Parola di Dio ad "impegnarsi nella ricerca del fondamento naturale del senso globale dell'agire umano nel mondo, che è la religiosità costitutiva di ogni persona". Nel paragrafo seguente si osserva che questa visione sapienziale esige a sua volta la capacità dell'uomo di poter essere realmente in grado di giungere alla conoscenza della verità. Questa seconda esigenza scaturisce dalla necessità di riferirsi ad un nucleo unificatore, dal quale tutto prenda senso ed al quale tutto si rapporti in modo sensato. È in questa direzione che, richiamando *"l'adaequatio rei et intellectus* a cui si riferiscono i Dottori della Scolastica, si ritiene opportuno ribadire la necessità di non fermarsi al fenomeno, ma di considerarlo costitutivamente in rapporto al fondamento. Questa prospettiva, che abbiamo brevemente accennato al punto 1.2.1, implica l'aggancio ad una terza esigenza circa la filosofia, che viene esposta al paragrafo 83: "È necessaria una filosofia di portata autenticamente metafisica, capace cioè di trascendere i fatti empirici per giungere, nella sua ricerca della verità, a qualcosa di assoluto, di ultimo, di fondante". Questa caratteristica fondamentale della filosofia permette di beneficare radicalmente l'antropologia in quanto, portandola all'incontro con l'essere, ridona all'uomo la sua vera dignità di persona. Queste tre esigenze, che l'enciclica riconosce come effettivamente

[56] *Ibidem,* 289.

urgenti per la filosofia odierna, sono riconducibili al forte invito del documento a “non perdere la passione per la verità ultima e l'ansia per la ricerca, unite all'audacia di scoprire nuovi percorsi. È la fede che provoca la ragione a uscire da ogni isolamento e a rischiare volentieri per tutto ciò che è bello, buono e vero. La fede si fa così avvocato convinto e convincente della ragione” (§ 56), in quanto confida fortemente nella sua capacità naturale di raggiungere la realtà intelligibile. Gli orientamenti che *Fides et ratio* propone alla filosofia sono di ampia portata ed aprono la prospettiva ad una sua nuova riformulazione.

4.2 LA CONCLUSIONE DELL'ENCICLICA (§ 100-108); I "COMPITI" DERIVANTI DALLA RAGIONE CREDENTE

Arricchiti da questo approfondimento circa la figura di filosofia rinnovata alla luce del suo rapporto con la teologia, per recepire più sinteticamente le istanze provenienti dall'enciclica, consideriamo analiticamente gli appelli che San Giovanni Paolo II rivolge ai destinatari nell'ambito della conclusione di *Fides et ratio,* indicazioni che del resto abbiamo già intravisto nella parte contenutistica (cfr. paragrafo 3.3.1). Nel paragrafo 100, dopo aver richiamato la doverosità di questo intervento sul tema del rapporto tra la fede e la filosofia, si ribadisce, riprendendo il quarto capitolo di *Dei Filius,* la prospettiva nella quale si colloca, cioè “l'aiuto scambievole” che fede e ragione si recano vicendevolmente “esercitando l'una per l'altra una funzione di vaglio critico e purificatore, sia di stimolo a procedere nella ricerca e nell'approfondimento”. Nel paragrafo successivo, muovendo dalla constatazione dei benefici che la teologia ha apportato alla filosofia nella relazione con essa, si sottolinea “l'opportunità che anche la filosofia, per il bene e il progresso del pensiero, recuperi la sua relazione con la teologia”. La motivazione di questa insistenza è espressa nel paragrafo 102, dove si afferma che “la Chiesa promuove insieme sia la difesa della dignità dell'uomo, sia l'annuncio del messaggio evangelico. Per tali compiti [...] oggi è urgente portare gli uomini alla scoperta della loro capacità di conoscere il vero e del loro anelito verso un senso ultimo e definitivo dell'esistenza”. È quindi grazie alla mediazione della filosofia che l'uomo potrà riconoscere di essere “tanto più uomo quanto più, affidandosi al

Vangelo, aprirà se stesso a Cristo". Nel paragrafo 103 viene richiamato il forte spessore culturale della filosofia, per cui attraverso di essa può realizzarsi l'urgente nuova evangelizzazione. Questa rilevanza "sociale" della filosofia è accennata anche nel paragrafo seguente, dove si asserisce che "il pensiero filosofico è spesso l'unico terreno d'intesa e di dialogo con chi non condivide la nostra fede" e che può quindi dare un contributo fondamentale anche nella costruzione di una base solida sulla quale costruire "un'etica vera e insieme planetaria di cui oggi l'umanità ha bisogno".

Nei paragrafi 105, 106 e 107, l'enciclica si rivolge rispettivamente alle diverse categorie di destinatari, quali sono appunto i teologi (§ 105), i filosofi e gli scienziati (§ 106), ed infine tutti gli uomini (§107). Questa molteplicità di destinatari comunica adeguatamente il carattere universale dell'uditorio e nello stesso tempo la specificità di carattere pastorale con la quale *Fides et ratio* vuole esprimersi. Nel paragrafo 105 viene rivolto ai teologi l'invito a "prestare particolare attenzione alle implicazioni filosofiche della Parola di Dio così da compiere una riflessione da cui emerga lo spessore speculativo e pratico della scienza teologica". Dopo aver inserito un ringraziamento per il loro "servizio ecclesiale", i teologi sono esortati a riconsiderare l'importanza della "dimensione metafisica della verità", così da poter dialogare in modo consapevole con il pensiero filosofico contemporaneo, senza smarrire lo stupore devoto che dovrebbe essere loro proprio, riprendendo le parole dell'*Itinerarium mentis in Deum* di san Bonaventura. Sempre in questo numero, il pensiero si rivolge ai sacerdoti responsabili della formazione sacerdotale, perché curino attentamente la preparazione filosofica dei giovani loro affidati. Nel paragrafo successivo, San Giovanni Paolo II si rivolge ai filosofi con un appello che racchiude tre richieste: quella di recuperare con coraggio "le dimensioni di autentica saggezza e di verità, anche metafisica, del sapere filosofico; quella di lasciarsi mettere in questione dalla Parola di Dio, così da poter anche rispondere a tale interpellanza". Queste istanze vengono riassunte nell'invito ad essere "sempre protesi verso la verità e attenti al bene che il vero contiene". Rivolgendosi in particolar modo ai "credenti che operano nel campo della filosofia", si ribadisce la preziosità della loro collaborazione affinché la ragione sia resa così "più sicura e acuta per il sostegno che riceve dalla fede". Sempre nel paragrafo 106, l'enciclica si appella anche "con ammirazione" agli scienziati, affinché continuino nel loro cammino di ricerca dimorando "nell'orizzonte sapienziale", con la consapevolezza che "la ricerca della verità, anche quando riguarda una realtà limitata del mondo o dell'uomo, non termina mai; rinvia sempre verso qualcosa che è al di sopra dell'immediato oggetto degli studi, verso gli interrogativi che aprono l'accesso al Mistero"[57]. Nel breve paragrafo 107, *Fides et ratio* autentica la sua destinazione universale rivolgendosi ad ogni persona perché si conosca sempre più (cfr. *Introduzione* dell'enciclica) come "uomo che Cristo ha salvato nel mistero del suo amore" e che si caratterizza per "la sua costante ricerca di verità e di senso". Non manca immediatamente a seguire una polemica contro i sistemi filosofici che divulgano la falsa convinzione dell'arrogante autosufficienza dell'uomo che si traduce in una chiusura all'Assoluto. Al contrario, determinante per la realizzazione di ogni uomo "sarà soltanto la scelta di inserirsi nella verità". È solamente in questa prospettiva che si può ritrovare una libertà che possa rispondere "alla sua chiamata all'amore e alla conoscenza di Dio" attuandosi in modo veramente libero. Infine l'enciclica termina rivolgendo il suo pensiero "a Colei che la preghiera della Chiesa invoca come Sede della Sapienza". Questo riferimento a Maria non avviene in modo estrinseco; infatti viene sviluppata la "profonda consonanza esistente tra la vocazione della beata Vergine e quella della genuina filosofia". Per eseguire questo confronto, vengono utilizzati due paragoni. Nel primo si mette a fuoco l'offrirsi in modo totale da parte di Maria, per permettere l'Incarnazione di Gesù Cristo, accostando questo alla piena disponibilità che dovrebbe caratterizzare la filosofia, "affinché la teologia come comprensione della fede sia feconda ed efficace". Nel secondo paragone si fa emergere come questo "impegnarsi per" non naufraga in un annichilimento, ma, come Maria "non perde la sua vera umanità e libertà", così, nell'accoglienza della verità del Vangelo, il pensiero filosofico "nulla perde della sua autonomia, ma vede sospinta ogni sua ricerca alla sua più alta realizzazione". Questa certezza viene sintetizzata nell'espressione con la quale i santi monaci dell'antichità cristiana si riferivano a Maria, cioè "mensa intellettuale della fede"[58]. A questo punto, l'enciclica si conclude invocando

---

[57] GIOVANNI PAOLO II, Discorso all'Università di Cracovia per il 600° anniversario *dell'Alma Mater Jagellonica* (8 giugno 1997), *4: L'Osservatore Romano,* 9-10 giugno 1997, 12.

[58] «'e noerà tes písteos tràpeza»: *Omelia in lode di Santa Maria Madre di Dio,* dello PSEUDO EPIFANIO: PG 43,493. (Nota ripresa dall'opera *Fides et ratio. I rapporti tra fede e ragione,* Piemme, Casale Monferrato 1998, 157.

“l'intercessione di Colei che, generando la Verità e conservandola nel suo cuore, l'ha partecipata all'umanità intera per sempre”, perché possa sostenere l'uomo liberando da ogni ostacolo il suo cammino verso la sapienza. Penso che questa analisi sintetica degli ultimi numeri dell'enciclica possa esprimere al meglio l'intenzione di *Fides et ratio,* comunicando in modo sintetico ed efficace anche i “compiti” propri di ogni uomo che, nella sua ricerca critica di senso, si ponga in modo credente nell’orizzonte esistenziale.

5. BREVE CENNO ALLA RECEZIONE DI *FIDES ET RATIO* E CONCLUSIONE

Un'enciclica di così ampia portata non è certo possibile che passi inosservata. Lo dimostra il dibattito sollevato, anche se in realtà si è rivelato di proporzioni assai contenute, che ha mostrato una variegata recezione, originata per lo più dalla distinzione costitutiva dell'enciclica tra l'intenzione che vuole apportare e lo strumento concettuale che essa stessa utilizza per esprimersi. Di fronte al rischio di cadere in una confusione tra intenzione e modello, è opportuno assumere una chiave di lettura che renda veramente ragione della proposta autentica di *Fides et ratio.* Per compiere questo, ci lasciamo istruire dalla piccola storia del dibattito scaturito da essa. Innanzitutto bisogna considerare come la recezione dell'enciclica si sia schierata sostanzialmente in due direzioni: quella "classica che riprende la concezione metafisica della verità, propria della tradizione teologica, e quella più propriamente contemporanea, che fa riferimento ad una figura dell'alterità che rappresenta il punto d'incontro di molti pensatori attuali".[59]

Addentrandoci nella prima linea interpretativa, come abbiamo avuto modo di considerare nel nostro discorso, si pone in luce l'istanza fondamentale positiva dell'enciclica, che consiste nel considerare la capacità della ragione di porsi nei confronti della verità assoluta valutandola come condizione basale della fede. Per riferirci adeguatamente a questa tesi, che non viene però collocata in una nuova concezione ma in quella tradizionale che distingue ragione e fede nello schema del *duplex ordo,* dobbiamo chiarificare il linguaggio usato. La ragione, infatti, nel linguaggio dell'enciclica designa l'uomo concreto ed effettivo, che anela alla verità assoluta che la fede assume come propria. In questo modo, nell'intenzione l'enciclica vuole opporsi ad "un pratico giustapposto"[60] ma, nello schema tradizionale che assume il pratico, che è identificato con la fede, esso viene di fatto posto in modo estrinseco. In questa ripresa del vecchio modello teorico consolidato, il pensiero neoscolastico vi legge la giusta

---

[59] G. TRABUCCO, *Considerazioni a margine della recezione italiana della Fides et ratio, in Teologia* 24 (1999), 356-366.

[60] *Ibidem,* 358.

preoccupazione per una razionalità conforme all'istanza trascendente, trascurando però il necessario legame all'effettivo rapporto che si instaura tra l'uomo e la verità, così da poter considerare opportunamente (cioè non in modo estrinseco) l'istanza della fede. Dell'importanza dell'aspetto trascendentale è invece consapevole l'indirizzo di pensiero che riformula l'ontologia in chiave appunto trascendentale, dove purtroppo il limite proprio del modello neoscolastico non viene superato in quanto si valorizza l'autonomia della ragione come un principio procedente dalla ragione stessa più che dalla *res* sulla quale riflette (si trascura l'aspetto fenomenologico). Il comune problema soggiacente è la mancata articolazione delle due istanze della rilevanza del soggetto nell'attestazione della verità (istanza tipicamente moderna) con quella della non perfetta adeguazione della verità da parte della ragione (istanza postmoderna). È quindi evidente che di fronte ad un modello poco adeguato che è stato ingenuamente assunto da *Fides et ratio,* bisogna in fase critica "elaborare una forma diversa di concettualità, una teoria teologica che faccia valere la pertinenza dell'uomo alla verità sul fondamento della reale implicazione della verità nell'autofondazione umana"[61]. In altre parole ci stiamo riferendo alla relazione tra fenomenologia ed ontologia, dove l'attuazione, nella quale si trovano intrinsecamente legate, contribuisce realmente a determinare la verità del fondamento che vuole manifestare.

Nel pensiero contemporaneo, il dibattito fenomenologico in relazione all'ontologia si distingue in due tendenze: da una parte quella che, privilegiando l'ontologico, assorbe l'ontico e risolve inadeguatamente la differenza nell'identità, rappresentata da Heidegger e da Merleau-Ponty; dall'altra quella che, muovendo da una prospettiva più propriamente fenomenologica, smarrisce ancora la reciprocità di essere ed ente, scindendo al contrario l'ente dall'essere tramite la radicalizzazione dell'alterità, i cui esponenti sono Lévinas e Derrida. Senza soffermarci sui singoli orientamenti, è facile comprendere che "per accedere all'affermazione realistica dell'assoluto e quindi alla qualità veritativa della fede, il momento fenomenologico e quello ontologico devono essere considerati come reciprocamente implicati, nella misura in cui il fenomenologico designa il modo della manifestazione dell'essere, che non è il termine di una deduzione, e l'ontologico indica la «cosa», il referente veritativo della questione della totalità e del fondamento, dell'intero e

[61] *Ibidem,* 359.

dell'incondizionato. Contro la loro separazione si deve far valere la reciprocità, che mostra l'originaria implicazione dell'ontologico nel fenomenologico e l'insuperabilità del fenomenologico per accedere al realismo dell'ontologico".[62]

Da questa concezione sono invece lontani i protagonisti del dibattito filosofico contemporaneo, che riflettono su una variegata figura di alterità che rende arduo un autentico riferimento alla proposta dell'enciclica. *Fides et ratio* non avalla neppure la linea di pensiero che adotta l'ontologia debole, caratteristica del postmoderno, in quanto quest'ultima sminuisce il legame esistente tra la verità e la libertà di scelta effettiva dell'uomo. Questo esito è condizionato soprattutto dal dualismo esistente tra il teorico e il pratico, che mina radicalmente la possibilità di sviluppare un'ontologia che garantisca un accesso adeguato alla problematica della fede. Non di meno sono ugualmente inconciliabili con l'istanza fondamentale dell'enciclica gli indirizzi di pensiero che, in modo diametralmente opposto, pongono la verità come assoluta, isolandola dalla sua relazione all'uomo. In questo quadro, emerge chiaramente come l'intenzione profonda che *Fides et ratio* vuole trasmettere faccia difficoltà ad essere recepita nel panorama della filosofia contemporanea. Per uscire da questa situazione di stallo, bisogna riconoscere la necessità di elaborare una nuova ontologia, che si costituisca come eteroreferenziale, in quanto si implica in una relazione fondativa con l'ermeneutica e con la fenomenologia della verità, rendendo così possibile una correlazione di verità e di libertà altrimenti inaccettabile nell'ambito dello schema ontologico tradizionale. Da questa stretta relazione deriva una ridefinizione degli ambiti di riflessione, sia della filosofia, che prende in esame non l'antropologia ma l'uomo effettivo, sia della teologia, che studia criticamente Dio che è in relazione con l'uomo nell'evento che è imprescindibile. In questa dinamica emerge così chiaramente che l'uomo nella quotidianità della sua vita assume la propria finitezza radicale, vivendola come la libertà che può determinare la verità, non in quanto la precede, ma poiché nell'attuazione la riconosce come il proprio fondamento irrinunciabile. Penso che sia questo ciò che l'enciclica vuole veramente proporre all'uomo di oggi. L'accoglienza di questo appello è per altro favorita dal clima culturale postmoderno, in quanto esso è privo dell'ostacolo rappresentato dal dualismo metafisico caratteristico della teologia medioevale e

[62] *Ibidem,* 361.

patristica, ed è inoltre arricchito dall'istanza moderna del soggetto. In questa nuova prospettiva che si apre nel grembo della filosofia, siamo così più fiduciosi nella ricostruzione di una metafisica che possa rendere ragione dell'universalità della verità della fede, poiché è rivelata e offerta come dono per l'umanità.

Che dire infine delle accuse di "invasione di campo" rivolte all'enciclica? Non possiamo fare altro che constatare la loro inconsistenza. Esse rappresentano infatti una nuova trappola che vuole limitare l'impegno cattolico alla mera testimonianza di vita, disapprovando l'intervento culturale dei credenti in riferimento alla verità. A questo proposito, nelle prime battute dell'enciclica si afferma che "la Chiesa non è estranea, né può esserlo, a questo cammino di ricerca. Da quando, nel Mistero pasquale, ha ricevuto in dono la verità ultima sulla vita dell'uomo, essa s'è fatta pellegrina per le strade del mondo per annunciare che Gesù Cristo è "la via, la verità e la vita" (Gv 14,6). Tra i diversi servizi che essa deve offrire all'umanità, uno ve n'è che la vede responsabile in modo del tutto peculiare: è la *diaconia alla verità.* Questa missione, da una parte, rende la comunità credente partecipe dello sforzo comune che l'umanità compie per raggiungere la verità; dall'altra, la obbliga a farsi carico dell'annuncio delle certezze acquisite, pur nella consapevolezza che ogni verità raggiunta è sempre solo una tappa verso quella piena verità che si manifesterà nella rivelazione ultima di Dio: "*Ora vediamo come in uno specchio, in maniera confusa; ma allora vedremo faccia a faccia. Ora conosco in modo imperfetto, ma allora conoscerò perfettamente*" (1Cor 13,12)" (§ 2). In questo paragrafo viene esposto il vero scopo di *Fides et ratio,* cioè la "diaconia alla verità", in riferimento alla quale San Giovanni Paolo II aggiunge in nota un riferimento esplicito alla sua prima lettera enciclica.[63] Solo se si rimarrà a servizio della verità della Rivelazione, allora si potrà rimanere in una condizione di autentica libertà: potendosi riferire ad una sicura fonte di senso, comunicandola anche agli altri, solamente in questo orizzonte veritativo l'uomo può camminare in una vera prospettiva di ricerca.

In sintesi, il monito che *Fides et ratio* rivolge alla filosofia è chiaro: se vorrà

[63] Riportiamo qui la nota integrale: *Redemptor hominis 19: "Siamo diventati partecipi di questa missione di Cristo profeta e, in forza della stessa missione, insieme con lui serviamo la verità divina nella Chiesa. La responsabilità per tale verità significa anche amarla e cercarne la più esatta comprensione, in modo da renderla più vicina a noi stessi e agli altri in tutta la sua forza salvifica, nel suo splendore, nella sua profondità e insieme semplicità".*

riprendere un ruolo di primaria importanza, che gli appartiene intrinsecamente, il quale apporterà benefici sia ad essa sia alla scienza teologica, dovrà abbandonare la sfiducia che nutre nei confronti della ragione, per poter così "guardare all'orizzonte segnato dalla novità radicale che proviene dall'Incarnazione del Figlio di Dio".[64] Questo appello non assume la forma di un ricatto, in quanto permette alla ragione filosofica di ampliare i propri orizzonti nella ricerca della verità, così che, dopo averla trovata, la approfondisca sondando la sua immensità sconfinata.

Con maggior consapevolezza possiamo ora affermare quanto dicevamo nel paragrafo 1.0 riguardo alla prospettiva entro cui si pone l'enciclica, cioè che il centro focale di *Fides et ratio* non è rappresentato né dalla fede né dalla ragione in se stesse, ma dalla libera partecipazione dell'uomo a Dio, che si fonda inequivocabilmente nella Rivelazione, per rapporto alla quale filosofia e teologia dialogano cercando e approfondendo quell'unità vera che "si presenta con la caratteristica della gratuità, produce pensiero e chiede di essere accolta come espressione di amore" (§ 15).

---

[64] R. FISICHELLA, *La rivelazione, novità radicale per la fede e la ragione,* in *Fides et ratio. Lettera enciclica di Giovanni Paolo II. Testo e commento a cura di R. Fisichella,* San Paolo, Cinisello Balsamo 1999, 186.

6. GLI ECHI DI *Fides et ratio* (1998) IN *Lumen fidei* (2013)

Sono trascorsi ormai vent'anni dalla stesura del testo dell'enciclica *Fides et ratio*, certamente ispirata al Papa polacco da Joseph Ratzinger, e nell'arco di questo tempo papa Francesco ha ripreso in un pronunciamento magisteriale il tema fondante della fede, citando espressamente dopo quindici anni un passaggio dell'enciclica di San Giovanni Paolo II e inserendolo nell'enciclica intitolata *Lumen fidei* (29 giugno 2013).

Si tratta della prima enciclica del pontificato di papa Francesco, che si pone a coronamento e proseguendo le encicliche di papa Benedetto XVI (cfr. § 7) che hanno per tema le altre due virtù teologali (*Deus Caritas est, Spe salvi, Caritas in veritate*); in essa, il pontefice "venuto dalla fine del mondo", dopo poco più di tre mesi dalla sua elezione, suggerisce un'immagine particolarmente radicata nella tradizione scritturistica della Chiesa per parlare della fede. La metafora utilizzata come titolo del documento si rivela infatti come profondamente legata alle origini: "La luce della fede: con quest'espressione, la tradizione della Chiesa ha indicato il grande dono portato da Gesù, il quale, nel Vangelo di Giovanni, così si presenta: «*Io sono venuto nel mondo come luce, perché chiunque crede in me non rimanga nelle tenebre*» (*Gv* 12,46). Anche san Paolo si esprime in questi termini: «*E Dio, che disse: "Rifulga la luce dalle tenebre", rifulge nei nostri cuori*» (*2 Cor* 4,6)" (§ 1). Nella sua semplicità e schiettezza, papa Francesco individua nelle pieghe della Sacra Scrittura la preziosa chiave di volta della concezione irrinunciabile ed eterna della fede, valida come riferimento insuperabile per ogni epoca della Chiesa, e con determinazione esprime l'istanza di una riscoperta non declinabile ad altri momenti storici, in quanto è sempre attuale e "urgente recuperare il carattere di luce proprio della fede, perché quando la sua fiamma si spegne anche tutte le altre luci finiscono per perdere il loro vigore. La luce della fede possiede, infatti, un carattere singolare, essendo capace di illuminare *tutta* l'esistenza dell'uomo." (§ 4). La tematizzazione avvenuta in *Fides et ratio* viene qui arricchita da una metafora geniale che traduce in modo superlativo, attraverso l'immagine della luce, la necessità di uno sguardo illuminato e illuminante sul significato della vita rivolto ad ogni persona. Infatti, "la fede cristiana, in quanto annuncia la verità dell'amore totale di Dio e apre alla potenza di questo amore, arriva al centro più profondo dell'esperienza di ogni uomo, che viene alla luce grazie all'amore ed è chiamato ad amare per rimanere nella luce" (§ 32). Viene qui inserito un elemento nuovo che richiama fortemente il riferimento alla struttura evenemenziale della fede, fondata sulla Rivelazione di Gesù Cristo: sulla scorta di quanto contenuto nella *Fides et ratio*, papa Bergoglio prosegue evidenziando che "San Giovanni Paolo II, nella sua Lettera enciclica *Fides et ratio*, ha mostrato come fede e ragione si rafforzino a vicenda. Quando troviamo la luce piena dell'amore di Gesù, scopriamo che in ogni nostro amore era presente un barlume di quella luce e capiamo qual era il suo traguardo ultimo. E, nello stesso tempo, il fatto che il nostro amore porti con sé una luce, ci aiuta a vedere il cammino dell'amore verso la pienezza di donazione totale del Figlio di Dio per noi" (§ 32). La categoria di Amore, già citata al numero 15 di *Fides et ratio*, viene qui enunciata come medio per riformulare il rapporto "teologia-filosofia", nella linea tracciata da San Giovanni Paolo II, intraprendendo una riflessione che prende le mosse ancor prima dall'intrinseca potenzialità evenemenziale della fede che genera la teologia. "Poiché la fede è una luce, ci invita a inoltrarci in essa, a esplorare sempre di più l'orizzonte che illumina, per conoscere meglio ciò che amiamo. Da questo desiderio nasce la teologia cristiana. È chiaro allora che la teologia è impossibile senza la fede e che essa appartiene al movimento stesso della fede, che cerca l'intelligenza più profonda dell'autorivelazione di Dio, culminata nel Mistero di Cristo" (§ 36). Nella sua disamina, papa Francesco prosegue, sempre allo stesso numero, puntualizzando il carattere performativo dell'oggetto della teologia: Dio in realtà si rivela come "il Soggetto che si fa conoscere e si manifesta nel rapporto da persona a persona". In quest'ottica, "la fede retta orienta la ragione ad aprirsi alla luce che viene da Dio, affinché essa, guidata dall'amore per la verità, possa conoscere Dio in modo più profondo". La luce della fede si pone così come l'inveramento indispensabile che, lungi dallo snaturare l'essenza stessa della ragione, le permette di essere foriera del desiderio profondo insito in ogni persona, scaturendo così nella concreta realizzazione più piena dell'anelito verso l'Infinito, caratterizzante la vita di ogni essere umano. "Chi riceve la fede scopre che gli spazi del suo "io" si allargano, e si generano in lui nuove relazioni che arricchiscono la vita" (§ 39).

7. CONCLUSIONE: "DAL SOGNO ALLA SPLENDIDA REALTÀ DELLA LUCE"

Al termine di un'analisi così ampia e serrata, generata dalla riflessione sulla *Fides et ratio,* sulla scorta del suggerimento prezioso della *Lumen fidei* proviamo a sintetizzare in un'icona biblica la portata straordinaria del nostro essere capaci di fede, sollecitati da un evento che chiede di essere colto sempre con intelligenza e mai con faciloneria, per non essere svilito nella sua pregnanza generativa. Nel vangelo secondo Marco, la figura di Bartimèo *(Mc 10,46-52)* riassume esistenzialmente il desiderio tangibile di un uomo di acquistare la vista per orientarsi nel mondo che lo circonda. Questo quadro biblico sintetizza in modo plastico il desiderio interiore di mettere a fuoco quanto portiamo nel nostro vissuto per decifrarlo e proiettarlo come orientamento proprio della nostra esistenza. Il figlio di Timèo è circondato da una folla che rimproverandolo vuole tacitare il suo limpido desiderio: oggi sono molti gli anestesisti della coscienza, che trovano loro alleata una temperie culturale avversa ad una ragione che sia umile e tenace pellegrina nelle vie della ricerca della verità. Eppure il desiderio di rinascita di Bartimèo si fa sempre più manifesto e gli permette di incontrare Colui la cui Luce "brilla, come in uno specchio, sul volto dei cristiani e così si diffonde, così arriva fino a noi, perché anche noi possiamo partecipare a questa visione e riflettere ad altri la sua Luce" *(Lumen fidei, 37).* Anche noi con il cieco percepiamo il desiderio di vedere più distintamente la verità che dona senso al nostro vivere, accogliendola con quello sguardo d'Amore proveniente dal Soggetto stesso che ci dona la Luce, unica che può orientare i nostri passi. Nell'oscurità di un'epoca dove i pochi sognatori rischiano di cadere nella trappola dell'evanescenza delle possibilità moltiplicate e purtroppo spesso irrealizzabili, siamo sollecitati grazie all'invito di queste encicliche a camminare nella luce della fede in questa temperie culturale, spesso vittima della dispersione del relativismo, certi che se "la notte è sempre solo un sogno, dopo il sogno arriva però la splendida realtà della luce"[65] che già pregustiamo grazie a Colui che "è la Luce vera venuta nel mondo, che illumina ogni uomo" *(Gv 1,9).*

---

[65] J. PILINSZKY, *La nascita del sole* in *Poesie* a cura di E. Molteni, Bologna, CSEO, 1983.

BIBLIOGRAFIA:

- OPERE E RIVISTE DI RIFERIMENTO:

Numero monografico di *Teologia. Rivista della facoltà teologica dell'Italia settentrionale,* anno XXIV 3/99, Glossa, S. Giuliano Milanese (MI) Settembre 1999, 249-366.

FISICHELLA R. (a cura di), *Fides et ratio. Lettera enciclica di Giovanni Paolo II. Testo e commento a cura di R. Fisichella,* San Paolo, Cinisello Balsamo 1999, 1-291.

SGUBBI G. - CODA P. (edd.), *Il risveglio della ragione,* Città Nuova, Roma 2000, 1-245.

- ARTICOLI PRESI IN CONSIDERAZIONE:

BERTULETTI A., *La fede cristiana e la questione della verità,* in A. BERTULETTI ET AL., *La fede in discussione,* LIG, Bergamo, 1998, 99-110.

COLOMBO G., *La ragione teologica,* Glossa, Milano 1995, 1-12.

EPIS M., *Introduzione alla teologia del `900,* in A. BERTULETTI ET AL., *La fede in discussione,* LIG, Bergamo, 1998, 69-70.

TRABUCCO G., *Fenomenologia, ontologia, teologia,* in *Teologia. Rivista della facoltà teologica dell'Italia settentrionale,* anno XXVII 2/02, Glossa, S. Giuliano Milanese (MI) Giugno 2002, 139-175.

Interventi di COTTIER P.G. (Teologo della Casa Pontificia), FISICHELLA R.

(Vescovo Ausiliare di Roma), RATZINGER J. (all'epoca Prefetto della Congregazione per la Dottrina della Fede), ZYCINSKI J. (Arcivescovo di Lublin) contenuti negli articoli de *«L'Osservatore Romano»* di Venerdì 16 Ottobre 1998 in occasione della presentazione del Documento Pontificio.

J. PILINSZKY, *La nascita del sole* in *Poesie*, a cura di E. Molteni, Bologna, CSEO, 1983.

Mail dell'autore: enricoenea@libero.it

Printed by Books on Demand GmbH, Norderstedt / Germany